课堂变革
悄然发生

上海市小学教与学方式变革
实践研究成果集

上海市教育委员会教学研究室　◎编著

华东师范大学出版社
·上海·

图书在版编目(CIP)数据

课堂变革悄然发生/上海市教育委员会教学研究室编
著. —上海:华东师范大学出版社,2021
ISBN 978 - 7 - 5760 - 2213 - 1

Ⅰ.①课… Ⅱ.①上… Ⅲ.①课堂教学-教学研究-小
学 Ⅳ.①G622.421

中国版本图书馆 CIP 数据核字(2021)第 214714 号

课堂变革悄然发生

上海市小学教与学方式变革实践研究成果集

编　　著	上海市教育委员会教学研究室
项目编辑	刘祖希
责任编辑	刘效礼
责任校对	时东明
装帧设计	卢晓红

出版发行　华东师范大学出版社
社　　址　上海市中山北路 3663 号　邮编 200062
网　　址　www.ecnupress.com.cn
电　　话　021 - 60821666　行政传真 021 - 62572105
客服电话　021 - 62865537　门市(邮购)电话 021 - 62869887
地　　址　上海市中山北路 3663 号华东师范大学校内先锋路口
网　　店　http://hdsdcbs.tmall.com

印 刷 者　上海景条印刷有限公司
开　　本　787×1092　16 开
印　　张　15
字　　数　249 千字
版　　次　2021 年 11 月第 1 版
印　　次　2021 年 11 月第 1 次
书　　号　ISBN 978 - 7 - 5760 - 2213 - 1
定　　价　49.00 元

出 版 人　王　焰

(如发现本版图书有印订质量问题,请寄回本社客服中心调换或电话 021 - 62865537 联系)

上海市小学各学科教与学方式变革
实践研究项目团队

总项目主持

谭轶斌

总项目组长

席　恒

总项目组核心成员

（按姓氏拼音排序）

费宗翔　关月梅　管文川　祁承辉
沈慧丽　王立新　席　恒　徐　敏
薛　峰　章　敏　赵伟新

目录

第四编　基于真实性、生活化情境的学科实践　/ 195

编者的话

上海市小学各学科在上海市教育委员会教学研究室推进的"上海市小学基于课程标准的教学与评价"项目研究的主导下,取得了基于课程标准的目标分解技术、单元教学设计和课程学业评价等一系列阶段性物化研究成果,对在基层落实基于课程标准的教学与评价起到了规范、引导和推动作用。

在强化以"立德树人"为根本任务,落实"核心素养"为教育目标的新一轮深化课改的价值导向下,上海市教育委员会教学研究室小学教学研究部从 11 门学科中把握课改新趋势,以"教与学方式变革"的实践探索作为新一轮项目研究的突破口,汇聚了全市各区 11 所项目试验校,聚焦课改新要求,既着眼于学科课程改革中的重点问题,又着力于跨学科课程实施中亟需探索的实践问题,在改变教与学的组织方式、认知方式和活动方式等方面着重开展研究,并努力形成各学科新的教研突破点。

围绕上述研究的总体价值导向,小学 11 门学科聚焦"教与学方式变革"的不同维度,从学科课程改革和课堂改进的实际需要出发,确定了各自的研究切入点,形成了四个不同类别的阶段性研究成果。

第一类:单元视域下的教学内容重组与重构。这一成果分类有所侧重地体现于小学语文和英语学科,重点关注了教与学方式变革中内容组织方式的改变。这两门学科着重研究了单元视角下学习内容的关联性架构,扩大了教材自然单元的视域,以主题、情境和任务等驱动教学内容的重组,旨在推动学生形成学习策略,激活思维,提升能力。

第二类:探索学科融合中的问题解决与能力迁移。这一成果分类有所侧重地体现于小学数学、美术和信息科技三门学科,重点关注了教与学方式变革中对学生认知方式的改变,侧重于"做中学"的直接经验获得。三门学科着重研究了基于学科的跨学科知识与能力的融通,都较为强调培养学生综合运用多学科知识解决实际问题的能力。

第三类:基于技术与资源支持的自主探究与深度体验。这一成果分类有所侧重地体现于小学自然、科学与技术、音乐、体育与健身四门学科,重点关注了教与学方式变革中环境、资源组织方式的改变。各学科或以数字化实验系统和教学平台为载体,或以现代化媒体终端技术为载体,努力为学生提供有助于自主探究、深度参与和亲身体验的学习环境或技术资源支持,促进其学科理解与能力发展。

第四类:基于真实性、生活化情境的学科实践。这一成果分类有所侧重地体现于小学道德与法治、劳动与技术两门学科,有侧重地探索了教与学方式变革中内容组织方式的改变并兼顾了环境资源的支持。两门学科对如何为学生的学科学习提供真实性环境资源或生活化情境支持做出了实践探索,旨在引导学生通过融于情景、聚焦任务的深度实践,形成对知识、技能的深度理解,培育和发展学科思维。

尽管11门学科从不同的视角开展教与学方式变革的实践研究,但有着共同的价值取向:重视学生在学科或跨学科学习中的自主探究、主动参与和亲身体验,着力通过情境化、生活化、任务驱动式的教学内容、过程、环境、资源等组织方式的创新实践,促进学生学科核心素养的发展,追求学科融通的知识、能力迁移以及基于真实情境的问题解决能力的形成。

在小学各学科研究人员的共同努力下,教与学方式变革第一轮项目研究对深化课程教学改革将会面临的一些共性、趋势性问题进行了探索,取得了初步成果。其中存在的不足,有待于在后续深入的实践探索中且行且思,不断完善。

第一编

单元视域下的教学内容重组与重构

扩大视域　整体设计　提升能力

——统编小学语文学科教材中高年级单元阅读策略的实践研究

项目主持　薛　峰　陈　振

项目实验校　上海市闵行区实验小学

项目组长　张炜焰

项目组核心成员（按姓氏拼音排序）：

陈婉霞　陈　绪　黄亚萍　阚晓宇　刘　芸

宓　瑾　邵亚芳　施燕清　杨茂华　章　卉

一、研究背景综述

阅读策略的研究最早可追溯至 20 世纪中期。它是认知策略中学习策略的一个组成部分,是学习策略在阅读中的具体应用。关于"阅读策略的定义""阅读策略的种类""阅读策略的教学"的既有研究,研究视角、关注点均较为丰富。

(一) 关于"阅读策略的定义"研究

国内外研究阅读策略的学者较多,对于阅读策略的概念界定比较趋同:国外研究者认为,阅读策略是一种认知活动计划。古德曼指出,"阅读策略是心理语言学的猜谜游戏。"策略指读者在阅读过程中为理解文章而有目的地处理文章的心理操作。阅读策略是根据文本类型决定的灵活地选择阅读的方式。②

国内研究者倪文锦基于认知理论,认为阅读策略是读者为了理解各种文章而执行的有意识的可灵活调整的认知活动计划;阅读策略就是学生在阅读过程中,根据阅读文章的特点、阅读目标等因素,所选用的调控阅读行为及程序的恰当方式。韩福领认为,阅读策略是为保证阅读任务的完成、阅读效率的提高和解决阅读中的困难而采取的对阅读活动进行调节和控制的各种方法、技巧和步骤。③

由此可知,阅读策略作为学习策略的一种,是个体为了提高学习的效率或者效果,有目的、有意识进行的有关学习过程的复杂活动。与阅读方法不同,阅读策略更加强

---

① 执笔人:张炜焐、刘芸、陈婉霞、施燕清(上海市闵行区实验小学).
② 张孔义.西方中小学阅读策略教学研究述评[J].外国教育研究,1999(4):12—18.
③ 胡梦蕾.初中语文阅读策略教学研究[D].重庆:西南大学,2016.

调的是变通、深度、理解、批判,是对阅读方法的操作。[①] 阅读策略的习得是阅读能力形成和提升的必要步骤,也是培养和提升阅读者阅读素养的必备条件。

(二) 关于"阅读策略的种类"研究

关于阅读策略的种类,国内外不同研究者基于不同的理论、不同的框架模型,有不同的类别条目。从国际上不同学者的研究成果中可以看出,共性的阅读策略主要有提问、预测、整合和概括、检索信息、自我监控等。其中,监控、调整阅读策略属于一种元认知策略,指阅读者能否根据阅读要求,设置与任务相关的阅读目标,根据设定的目标监测进度、调整阅读策略等。

国内也有不少研究者对阅读策略种类进行了较为深入的研究,从中我们可以看出,能够促进学生自主学习的八大主要阅读策略是:预测、图像化、提问、找出重点、概括归纳、联系、推论和监控。

在阅读教学中,需要思考如何创造性地构建阅读策略结构体系,对各种阅读策略的学习进行整体性规划,有效落实,才能有效提升学生的阅读能力,提升其阅读素养。

(三) 关于"阅读策略的教学"研究

阅读策略的教学研究的关注点主要体现在以下三个方面。

其一,立足于阅读策略和语文教学的关系。

研究表明,阅读策略有助于提升学生的阅读能力,进而提升其阅读素养。赵镜中提出,要转向以策略为导向的阅读教学,从"教语文"走向"教阅读"。周步新团队经实证研究,认为促进学生自主习得、建构、掌握阅读策略,有助于学生阅读能力的形成。[②] 也有研究者通过问卷调查、访谈、课堂观察等,开展实验对比的研究,发现运用阅读策略教学与普通阅读教学相比,阅读策略可以提高学生学习成绩,提升阅读能力,强化学习动机。

---

① 周步新.习得策略,学会阅读——阅读策略相关理论研究综述及实践探索[J].教学月刊小学版(语文),2013(9):51—54.
② 周步新.习得策略,学会阅读——阅读策略相关理论研究综述及实践探索[J].教学月刊小学版(语文),2013(9):51—54.

可以看出,阅读策略作为提升学生阅读能力的重要手段,在语文教学中是可以教授的。如何将阅读策略这一程序性知识教授给学生,应该成为语文教学中很重要的一个方面。

其二,立足于阅读策略教学模式的研究。

我国一些学者对西方阅读策略教学模式进行了研究述评,介绍了对我国具有重要借鉴意义的阅读策略教学模式。有研究者评介了互惠教学模式、互动策略教学模式等国外著名的四种阅读策略教学模式,并在此基础上总结了成功的阅读策略教学模式。张维在实证调查的基础上,构建了元认知策略的阅读策略教学模式,积极探索了如何运用元认知策略(计划、监控、反思评价)进行有效阅读的阅读教学。也有研究者指出,有效的阅读策略一般程序为:确定阅读目的——选择阅读方法——监控阅读过程——测评阅读效果。教学策略传授与知识教学同步,阅读策略运用与教学方法配合。①

其三,立足于阅读策略教学的实践探索。

因为阅读策略的运用影响学生的阅读质量,进而影响学生的阅读能力,且策略可教,所以阅读策略教学成为阅读教学改革的突破口。

已有阅读策略教学的实践研究中,有的聚焦某一类文本的研究,如非连续性文本的阅读策略研究、童话的阅读策略研究等;有的关注单元整体设计下的阅读策略研究,这也是现有研究的一个明显共性。研究者们或论述单元整体设计中的阅读策略指导,或专门针对统编教材中的策略单元,关注其教学方式的研究;还有一些探讨单元整合,试图以单元人物主题和语文要素的整合为抓手,采取一线串珠、举一反三等策略,最大限度地发挥单元课文教学价值的研究;②还有的研究者就具体的文本教学采取何种策略也进行了研究,如以故事线策略学习虚构类文本,以连结策略、思维图阅读法等策略学习实用类文本。

从以上研究中我们可以看出,语文教学正从教学观念到方法、策略进行"改革创新",正从内容分析式的课文教学,向以策略为导向的教学转变。

---

① 邬建芳.高中语文教学中有效阅读策略的探索与实践[D].上海:华东师范大学,2003.
② 许荣璇.组合类单元的教学策略浅探[J].小学教学参考,2021(7):26—27.

（四）研究述评

结合国内外对于阅读策略的研究，我们可以看出，关于阅读策略的已有研究内容广而多，既有理论性的研究，也有实证调查研究。研究者关于阅读策略的分类认识比较一致，对于阅读策略的重要性及其与阅读能力、素养之间的关系论述清晰。

我们认为，在小学阶段，学生必须掌握的重要阅读策略有：预测、图像化、提问、找出重点、概括归纳、联系、推论和监控。阅读策略的习得是阅读能力形成和提升的必要步骤，也是培养和提升阅读者阅读素养，强化学习动机的必备条件。

因此，在我们的研究项目中，将"阅读策略"定义为：阅读者为了完成某一具体任务或者培养某一具体技能，经过慎重思考后采取的有目的的手段。表征为读者在阅读历程中，依据不同阅读目的和文本类型等因素选择适用的、能促进理解的方法和技巧。

二、研究内容与目标

（一）研究内容

在小学阶段学生必须掌握的重要阅读策略中，概括与归纳是理解文章内容的重要环节。通过概括段意，不仅能了解每段的主要意思，还能了解作者是怎样安排材料，了解段落与段落之间有怎样的联系，这对提高阅读和写作能力非常重要。而归纳文章主要内容则是在阅读一篇文章时，从整体上把握全文，把文章各部分内容归拢，做到完整、简明扼要，这是提炼文章中心的必要前提。因此，阅读教学中持续稳定地关注"概括与归纳"，有助于弄明白文章主要讲了什么，对于读懂文章有重要意义。

综上，通过把握文章主要内容，可以进一步揣摩作者的行文思路和谋篇布局，从而深入体会文章的思想感情，这是小学阶段重要的语文能力。虽然统编教材各年段有部分单元的语文要素也指向这一能力的培养，但横向关联比较缺失，缺少持续性和稳定性。教学层面重单元整体设计，但缺少"跨单元"的实践研究，缺少练习设计有效性和持续性的探索。故本研究将以阅读策略为主线，聚焦"概括与归纳"，突破教材自然单元,扩大视域,整体规划学生的学习过程,帮助小学中高年级学生逐步形成"把握文章主要内容"的稳定能力。

(二) 研究目标

1. 梳理同一阅读策略在不同年级的不同体现

中高年级教材内容多为叙事类文章,但即便是同一类文章,随着文章复杂性的增加,文章内容要素、文章结构要素、作者的表达技巧(策略)等方面在不同年级也有不同的体现与不同的要求。因此,本项目研究有必要梳理同一阅读策略在不同年级的不同体现。

2. 梳理单元与单元之间的联系,将教材里的相关单元结构化

学生语文能力的形成不可能一蹴而就,所以本项目研究不局限于某册教材的某一单元,而是由一个单元迁移到前后相关单元,由这一学期教材单元延续到下一学期教材单元,或者从中高段三个年级之间的相关单元找到共性,形成更大的单元结构,从而引导学生在这样的单元学习中,逐步掌握相关阅读策略,形成"概括与归纳"的能力。

3. 梳理学生能力形成过程中相关的阅读策略

本项目研究期望通过"精读示范——练习试错——指导纠错——独立练习(略读课文、课外阅读)——综合运用"这一学生形成能力必经的训练过程,使学生"概括与归纳"能力得到提升,相关策略得到梳理。

三、研究方法与过程

(一) 确定主策略,梳理子策略,扩大单元域

基于教材和学生能力情况,确定"把握文章主要内容"为主要学习任务后,项目组聚焦"概括与归纳",以"确定主要信息"为研究主策略,又结合三至五年级教材特点,确定了更具操作性的研究子策略。在以某一年级为单位进行纵向实践的同时,又扩大单元域,横向梳理同一子策略在各年级各单元中的不同落实程度,以期达成同一能力训练点在不同年段的螺旋上升。

以各年级第二学期教材内容为例,梳理如下(表1-1):

表1-1 教材研究的主策略、子策略

主策略:确定主要信息						
子策略	三年级		四年级		五年级	
	单元	相关课文段落	单元	相关课文段落	单元	相关课文段落
找到主题句	第三单元	第11课《赵州桥》第2、3自然段 第12课《*一幅名扬中外的画》第3、4自然段	第四单元	第13课《猫》第1、5、6自然段 第14课《母鸡》第1、10自然段 第15课《白鹅》第1、2自然段	第七单元	第22课《手指》第1自然段
	第四单元	第13课《花钟》第1、2自然段 第15课《*小虾》第3自然段				
	第七单元	第23课《海底世界》第4、5自然段				
浓缩文本信息	第三单元	第10课《纸的发明》第2自然段	第六单元	第19课《小英雄雨来(节选)》片段一、二、三、四、五 第20课《我们家的男子汉》片段三 第21课《芦花鞋》片段一、二、三、四	第一单元	第3课《祖父的园子》第1-3自然段,第4-14自然段
	第四单元	第14课《蜜蜂》第2-7自然段			第六单元	第18课《威尼斯小艇》第5、6自然段
	第七单元	第22课《我们奇妙的世界》第2-8自然段,第9-16自然段 第23课《海底世界》第2自然段 第24课《火烧云》第3自然段,第4-6自然段				

子策略	三年级		四年级		五年级	
	单元	相关课文段落	单元	相关课文段落	单元	相关课文段落
先复述段落大意再整合	第七单元	第24课《火烧云》全文	第六单元	第19课《小英雄雨来(节选)》全文 第20课《我们家的男子汉》全文 第21课《芦花鞋》全文	第一单元	第3课《祖父的园子》全文
	第八单元	第25课《慢性子裁缝和急性子顾客》全文 第26课《*方帽子》全文 第27课《漏》第3-20自然段 第28课《枣核》第4-13自然段	第八单元	第28课《海的女儿》全文	第三单元	第10课《青山处处埋忠骨》全文
					第六单元	第18课《威尼斯小艇》全文
通过整合事实来确定主要观点	第七单元	第22课《我们奇妙的世界》第1、2、9自然段 第23课《海底世界》第2-7自然段	第二单元	第7课《纳米技术就在我们身边》全文	第六单元	第18课《威尼斯小艇》全文 第19课《牧场之国》全文
确定作者的观点和意图	第二单元	第5课《守株待兔》全文 第6课《陶罐和铁罐》全文 第7课《鹿角和鹿腿》全文 第8课《*池子与河流》全文	第四单元	第13课《猫》第1自然段,第2-4自然段,第6自然段 第14课《母鸡》第1自然段,第2、3自然段,第4-9自然段,第10自然段 第15课《白鹅》第3-7自然段,第2自然段	第五单元	第15课《自相矛盾》全文

*表示略读课文

子策略	三年级		四年级		五年级	
	单元	相关课文段落	单元	相关课文段落	单元	相关课文段落
制作故事山	第八单元	第25课《慢性子裁缝和急性子顾客》全文 第26课《*方帽子店》全文 第27课《漏》全文	第七单元	第23课《"诺曼底号"遇难记》全文 第24课《*黄继光》全文	第二单元	第5课《草船借箭》全文 第6课《景阳冈》全文
			第八单元	第27课《巨人的花园》全文	第五单元	第16课《田忌赛马》全文 第17课《跳水》全文

＊表示略读课文

(二) 聚焦核心内容,整体设计推进,促进策略迁移

1. 聚焦一个单元,借助阅读策略,实施整体教学

研究初期,项目组在各年级选择了一个单元,以三年级第一学期第六单元(借助关键语句理解一段话的意思)、四年级第一学期第四单元(了解故事的起因、经过、结果,学习把握文章的主要内容)、五年级第一学期第三单元(了解课文内容)为载体,以"找到主题句""浓缩文本信息""先复述段落大意再整合"为主要研究策略,进行了重点实践研究,用以验证基于单元视域的结构化设计是否有效,验证学生学习习惯的形成、运用阅读策略提升阅读能力的目的是否达成,验证教师研究的基础、能力与实际效果的可能性。

以三年级第一学期第六单元为例,单元内几篇课文承担的落实语文要素的任务分别有所侧重。第18课《富饶的西沙群岛》是学生初次学习如何"借助关键语句(即主题句)理解一段话的意思",教学中根据段落特点,通过教师的引导与示范,带领学生读懂为什么这句话是这个自然段的关键语句。在第19课《海滨小城》的教学中,则侧重引导学生迁移《富饶的西沙群岛》一课中学到的方法,自己练习找一找课文第4至第6自然段的关键语句。在学生验证自己找得是否准确的过程中,针对学生的偏误进行纠正

与再指导。

教学中,教师始终站在学生"学"的角度,引导学生知道什么是关键语句,段落中的关键语句是怎么判断出来的,让学生展示思维的过程,说说是"怎么想的"。学生在不断的交流、分享中调整自己的认识,形成新的认识或巩固已有的认识。通过教师的引导,让学生自己思考学习过程,总结学习经验,得出评价标准。

通过整体推进,初步形成"精读示范——练习试错——指导纠错——自我练习"的训练过程,为实现阅读策略的正迁移打下基础。

2. 聚焦阅读策略,把握能力梯度,实施单元教学

进入研究中期,项目组把研究的方向主要聚焦于同一阅读策略在不同年段的梯度落实。以"浓缩文本信息"这一策略的落实为例,我们发现,因年段不同,非虚构类文本的复杂程度不同:三年级文本通常会表达一个观点,并有很多让阅读者弄清楚主要观点的依据;四年级、五年级的文本,通常会含有多个观点,这些观点可能是在表现同一个主题的不同角度,也可能是在探讨同一个主题的不同方面。在教学过程中,教师需要根据学情、文本特点选择恰当的方法,帮助学生学习浓缩文本信息。

尽管浓缩非虚构类文本信息时,我们都可以按照"阅读文本——读懂部分——整合信息"这一路径进行教学指导,但在不同年段的具体教学过程中,还是要依据文本特点和学生能力水平,进行有针对地调整。

如三年级第二学期《火烧云》一课,教学时,教师先引导学生带着问题阅读文本,找出直接描写火烧云特点的语句,想一想为什么会出现火烧云?接着,教师带领学生借助关键语句读懂自然段段意。最后,进行信息整合,将课文第 3 - 6 自然段的主要内容浓缩成一句话。可见,引导学生学会浓缩文本信息,必须先让学生读懂每个自然段的段意,厘清段与段之间的关系,初步让学生体会同一个内容的自然段可以划分在一起,成为一大段。

在教学四年级第二学期《小英雄雨来(节选)》一课时,教师就可以引导学生分部分进行阅读,先独立读懂每部分的内容,再在教师指导下列小标题,最后借助列小标题浓缩文本信息,从而把握文章主要内容。

到了五年级,学生在浓缩文本方面已具备一定基础,能够借助"抓关键语句""列小

标题"来归纳课文主要内容。但五年级的文章内容要素丰富、结构要素复杂、作者表达形式多样,如何分清文章的主次,进而把握课文的主要内容,就成了五年级浓缩文本信息的重难点。学生需要在教师带领下,通过充分的同伴式学习,经历"理清课文内容,分清主次——划分课文段落,合并相同内容——浓缩段落信息,归纳主要内容"这一过程,才能真正达成浓缩文本信息这一目标。

3. 选定恰当文本,设计分层作业,巩固提升能力

作为单元的整体教学,对于作业我们也有整体规划,除了教材课文的预习、复习外,我们也选择了一些"典型"的文本作为课外阅读练习的拓展。这里所说的"典型",就是与教材相关文本体裁一致、段落结构相似,有利于学生练习、运用课堂中所学阅读策略的文本。

以三年级为例,如在学习了《赵州桥》《一幅名扬中外的画》之后,学生已经学习了"找到主题句"这一学习策略;在继续学习《花钟》和《小虾》时,从预习作业和课堂表现来看,学生基本有了"找到主题句"的意识,但是能跟进"验证"并加以"调整"的学生还不多。因此我们选择了《家乡的桥》《小草》两个阅读文本,练习所指向的段落基本都有主题句,但这些句子或需要删除多余信息,或需要补充遗漏信息,或关键句是设问句,或关键句的位置不在段落的开头或结尾。目的是要在学生原有学习经验的基础上,提供更多复杂的情境,推动学生完善已获得的学习策略,更加清楚地知道:要概括自然段意思,"当……时候,应该先做……再做……"。

因考虑到学生的能力发展存在差异,所以,我们结合日常作业情况和"一起作业"线上平台测试,把学生分层,在网上推给其分层作业资源。

那么如何对课外阅读练习进行分层设计?其实每一个学生拿到的阅读文本都是一样的,"分层"主要体现在练习的题型不同或给予的"思维支架"不同。如四年级《海岛猫鼬》一文的练习(如下面的表格1-2所示),显然A层学生要完成的练习,只告知"要做什么";B、C层学生要完成的学习任务和A层是一样的,但有了提示,这些提示其实就是学生思维的支架。其中,C层给出的支架最多,只要学生按照提示的要求一步步做下来,他们就能完成此题。

在单元实施过程中,辅以典型文本作为课外练习;根据学生对某一阅读策略的掌握情况,进行分层练习设计。这样的有序推进,让学生在独立练习阶段的实践更有针

对性,也能更有效地巩固此阅读策略,提高其读文能力。

表1-2 课外阅读练习的分层设计

	题　　目
A层	请你写出选文第 2、3 自然段的主要意思。
B层	请你写出选文第 2、3 自然段的主要意思。 想一想:这两个自然段中有没有提示段落意思的关键句呢?
C层	请你写出选文第 2、3 自然段的主要意思。 提示:请你划出这两个自然段中提示段落意思的关键句;把句子连起来,注意人物只 要写一遍,用上关联词使句子通顺。

四、研究结论

通过此研究,项目组探索到以下方法有利于不同年级学生习得阅读策略,把握文章主要内容,提升阅读能力。

(一) 突破教材自然单元、单册教材的限制,构建以"把握文章主要内容"为任务的长程式学习经历

统编教材(三～五年级)每个单元都有不同的语文要素,但是"把握文章主要内容"是中高年级的重点学习任务,并不是说单元语文要素不指向它,我们就不需要指导学生去概括与归纳了。所以,我们努力实现"两个打破":打破教材自然单元的限制,扩大视域,根据文本特点,构建起学习某一子策略的阶段式规划,即建立单元的横向联系;打破单册教材的限制,把中高年级六册教材作为整体,使学生能有序列地学习指向"把握文章主要内容"的不同子策略,并且使单一子策略能不断丰富,最终实现多种策略的综合运用,即实现教材的纵向贯通。

"两个打破"目标指向清晰,让学生拥有长程式学习经历,学会稳定的阅读策略,让学生在一次次的学习、迁移和运用中形成稳定的能力。

（二）让学生独立思考学习过程，总结学习经验，得出评价标准，有利于阅读策略的正迁移

学习的目的在于运用，一篇篇不同的文本，实际就是提供给学生一个个阅读情境。面对丰富的、复杂程度有异的阅读情境，学生能合理地迁移、综合地运用所学习到的阅读策略，从而实现对文本主要内容的准确理解和把握，是我们研究的目标。

如果把"合理迁移、综合运用"的过程展开，应该是这样的：学生在完成归纳课文主要内容的学习任务时，他们需要计划自己"先做什么、再做什么"的程序路径，并且在过程中进行自我监控、评价，如有必要还要进行策略的调整。要实现这样的目标，在某一学习任务完成时，就该引导学生自己思考学习过程，即"我是怎么学的"；在完成新任务前，引导思考"我打算怎么学"；在学习的过程中，引导思考"我是否要对计划做出调整"；在完成一个学习任务后，引导思考"我刚刚又是怎么学的"（总结学习经验），去思考"怎样才是好的归纳""我做得怎么样"。只有教师有引导学生自己思考学习过程、总结学习经验、得出评价标准的意识和行为，学生才能在面对更多、更复杂的情境时实现学习经验的正迁移。如图1-1所示：

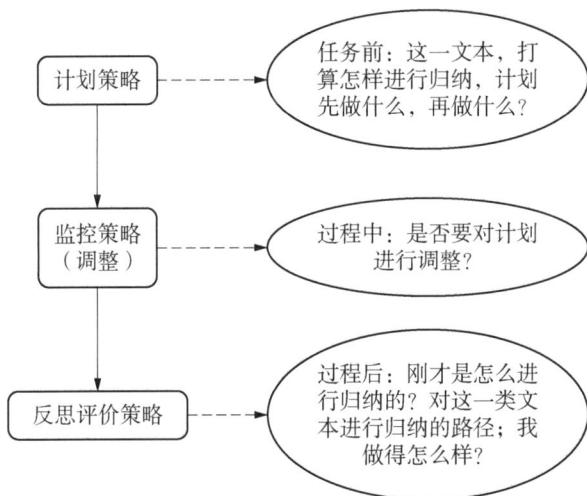

图1-1　学生独立思考学习过程

（三）课内、课外相关联，分层练习设计，线上线下融合，有利于提高阅读策略获得的效率

教材仅仅是个例子，教师需要用好这个例子，指导学生学习。但学习经验的获得，仅仅用好教材自然是不够的，必定需要一定量的反复练习。所以要建立课内和课外的关联，设计课外学习任务必不可少。从因材施教的角度出发，学生的能力必然是有差异的，分层练习设计能让不同程度的学生都获得成功的体验，实现练习的效果。在练习的途径方面，可以有日常的小练习、单元练习卷这样的常规方式，也可以通过线上方式，选用平台进行学习共同体建设。关于线上分层练习，我们在实践中尝试推送自制微课的方式，让学生能在家中完成自主练习、校对、聆听讲解、订正和自我评价。线上线下融合的方式，拓展了学习的时空，丰富了学习的形式，提高了学习的效率。通过研究，我们发现，实验班的学生与平行班的学生相比，在学习、积累和运用阅读策略的过程中，策略意识得以不断强化，阅读能力得到螺旋式上升，阅读效率也得以提升。

教师层面而言，项目研究给教师提供了阅读策略教学的框架和学理支持，帮助教师更高效地教授学生阅读策略和方法。我们发现，参与研究的教师单元整体、阅读策略的意识得到增强。课堂中，教师的教学方式也有了显著的转变，给予学生更多自主阅读、总结、评价的时间，保障了学生学习、练习、巩固、习得阅读策略的时间和空间。

五、思考与展望

学生习得任何一种能力，不是一蹴而就的，必定要经历学习、操练、巩固、再操练的过程。虽然我们梳理了相关的阅读策略并在课堂实践中逐步落实，但学生能力的形成达到什么程度，有多少学生已形成这一能力，我们还需进一步验证。后续研究过程中我们将借助问卷调查、阅读练习调研等方式对抽样班级（学生）进行实证数据的收集、整理和分析，并基于统计分析结果对后续研究进行必要的调整。

基于学生学情的差异，我们将进一步加强分层作业设计的研究，帮助不同层次的学生在阅读理解的过程中，更有效地认识、获得并实践相关阅读的策略。

得法于课内,得益于课外。后续研究中,我们将进一步关注课内与课外相结合,引导学生将获得的阅读策略,迁移运用到阅读实践中,培养学生运用阅读策略的意识和基本能力,提升学生自主阅读的能力。

参考文献

［1］OECD. PISA 2018 DraftAnalytical Frameworks［EB/OL］. http://www. oecd. org/pisa/pisaproducts/PISA-2018-draft-frameworks. pdf. 2016：11,7,106,107.

［2］邓晓颖.基于核心素养的小学英语"KWL"阅读教学模式探究［J］.英语教师, 2018,18(16)：14－17.

［3］何光锋.美国几种常用的阅读策略简介［J］.语文教学通讯,2005(3)：60－61.

［4］胡梦蕾.初中语文阅读策略教学研究［D］.重庆：西南大学,2016.

［5］兰丹,魏小娜.PISA2018 阅读策略体系构建及教学启示［J］.语文建设,2017 (31)：30－33.

［6］李怀源.提升"阅读力"的教与学——台湾小语会会长赵镜中在全国第七届阅读 教学观摩活动上的发言［J］.小学语文教学,2008(12)：4－7.

［7］邬建芳.高中语文教学中有效阅读策略的探索与实践［D］.上海：华东师范大 学,2003.

［8］吴忠豪.外国小学语文教学研究［M］.上海：上海教育出版社,2009：121.

［9］许荣璇.组合类单元的教学策略浅探［J］.小学教学参考,2021(7)：26－27.

［10］张孔义.西方中小学阅读策略教学研究述评［J］.外国教育研究,1999(4)：12－18.

［11］周步新.习得策略,学会阅读——阅读策略相关理论研究综述及实践探索［J］.教 学月刊小学版(语文),2013(9)：51－54.

［12］周腾.小学语文"阅读策略单元"教学设计研究［D］.济南：山东师范大学,2020.

［13］珍妮佛·塞拉瓦洛.美国学生阅读技能训练［M］.刘静,高静娴,译.北京：北京 科学技术出版社,2018：16.

［14］上海市教育委员会教学研究室.上海市小学语文学科教学基本要求［M］.北京： 人民教育出版社,2017.

［15］苏珊·A·安布罗斯,米歇尔·W·布里奇斯,米歇尔·迪皮埃特罗,等.聪明教

学 7 原理：基于学习科学的教学策略［M］.庞国维，徐晓波，杨星星，译.上海：华东师范大学出版社，2012：97－112.

第二部分　实践案例①

一、案例背景

在前期实践研究过程中，项目组以"把握文章主要内容"为主要研究内容，以中高年级文本为载体，以"确定主要信息"为研究主策略进行小学语文统编教材中高年级单元学习策略（阅读）的实践研究。中高年级教材内容大多为非虚构类文本，文章内容要素丰富、结构要素复杂、作者表达形式多样。本案例旨在从中高年段三个年级相关单元找到共性，形成更大的单元结构，逐步掌握子策略"浓缩文本信息"，进而形成"概括与归纳"这一能力。

浓缩文本信息，是信息提取、概括的一种表现形式，是把握文本内容的阅读策略之一。浓缩文本信息，指通过提炼、概括、压缩等方法，尝试把文本中的一大段文字浓缩成一句话。

统编教材中高年级语文教材中有许多非虚构类文本，描述生动有趣的事物和讲述令人惊叹的事实。学生在阅读一个文本之后，要了解文本的主要内容，初步知道文本的主要观点。但随着阅读难度的增加，学生在判断主要观点，浓缩文本信息过程中出现困难。如不知道怎么去浓缩文本信息，浓缩的信息不完整、不正确、不够简洁……这需要让学生进一步掌握浓缩文本信息的有效方法。

本案例旨在研究三至五年级非虚构类文本的信息浓缩。年段不同，非虚构类文本

---

① 执笔人：杨茂华（上海市闵行区实验小学）.

的复杂程度不同,三年级文本通常会表达一个观点,并有很多让阅读者弄清楚主要观点的依据;四年级、五年级的文本,通常会含有多个观点,这些观点可能是在表现同一个主题的不同角度,也可能是在探讨同一个主题的不同方面。在教学过程中,要根据学情、文本特点选择恰当的方法,帮助学生学习浓缩文本信息。

二、案例主体

阅读非虚构类文本时,先要纵览全文,对文章的整体结构和支持主要观点的信息有所了解,初步思考整篇文章讲的是什么? 再去读懂每个段落或一小部分。最后,将读到的所有信息进行整合,确定主要观点。

(一) 操作流程

浓缩非虚构类文本信息时,可以按照以下操作路径:

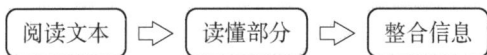

阅读文本 ⇨ 读懂部分 ⇨ 整合信息

图 1-2 浓缩文本信息一般思考路径

1. 阅读文本

纵览全文时,要养成带着问题阅读文本的习惯。阅读过程中,可以关注课题,关注文本的结构……阅读前,先浏览整个文本内容,请学生说一说看到了什么? 阅读文本过程中,请学生思考这一文本大致讲的是什么? 引导学生尝试把所有的视觉资料整合起来。

2. 读懂部分

读懂部分内容,确定每个部分的主要信息,是浓缩文本信息的重要环节。三至五年级文本篇幅相对来说较长,因此,引导学生在每读完一个段落或者一个部分,停下来想一想是必要的。在确定了每个部分后,引导学生带着问题去阅读每个部分,"刚才这一段、这一部分要表达的最重要的信息是什么? 如何用自己的语言来表述读到的信息……"阅读过程中的思考,学生可以在文本的空白处做笔记。

3. 整合信息

在阅读整个文本后,看看文本空白处的笔记,要对这些信息进行筛选、整合。最后能用自己的语言陈述出文章的主要信息,能够将之前读到的全部信息都考虑进去,从而确定整篇文章讲的是什么。

"阅读文本——读懂部分——整合信息",这是浓缩文本信息的一般思考路径。在不同年段具体教学过程中,要依据文本特点、学生能力水平,进行有针对地调整。

(二) 说明阐述

下面以三年级第二学期《火烧云》、四年级第二学期《小英雄雨来(节选)》、五年级第二学期《祖父的园子》为例,对策略的一般操作流程进行说明。

1. 案例一:《火烧云》第三至六自然段(三年级第二学期)

《火烧云》是三年级第二学期第七单元的第三篇课文,这篇课文文脉清晰,第三至六自然段写了火烧云颜色和形状变化极多极快。学生能借助关键语句,进行简单的删减或者合并来概括自然段的段意。但将这几个自然段浓缩成一句话来概括对学生来说是有困难的。因此,引导学生借助第三至六自然段关键的语句"这地方的火烧云变化极多"来浓缩文本信息,并指导如何进一步整合信息。

(1) 阅读文本:找出直接描写火烧云特点的语句。想一想为什么会出现火烧云?

学生找到第三自然段的前半句"这地方的火烧云变化极多"关键语句。

(2) 读懂部分:借助关键语句读懂自然段段意。

师:默读第三至六自然段,想想每一自然段写了什么?(生交流)

师:哪个自然段写了颜色?哪几个自然段写了形状?

生:第三自然段写了颜色,第四至六自然段写了形状。

师:火烧云的特点就是变化极多,作者就是从颜色和形状这两个方面把这个特点写清楚的。接下来我们先来学习第三自然段,体会火烧云颜色变化极多的特点。

……

师:我们从第三自然段中,体会到了火烧云颜色变化极多的特点,你还体会到了什么特点呢? 是从哪些词语中体会到的?

生:从四个"一会儿"中可以看出火烧云颜色变化很快……

师：那这一自然段写了火烧云的颜色特点是怎样的呢？谁能完整地说一说？

生：这个自然段写了火烧云颜色变化极多极快。

师：第四至六自然段是从形状来写火烧云的，那火烧云的形状是怎样变化的，给你怎样的感觉？请读一读第四自然段。

引导学生学习第四自然段，体会火烧云形状变化极快。

师：我们从第四自然段中的相关语句中读到了火烧云形状变化极快，除了这个特点外，还有什么特点吗？

引读第四至六自然段。

生：我觉得火烧云一会儿变成一匹马，一会儿变成一条狗，后面还跟着几条小狗，一会儿变成一头大狮子……它的形状变化很多……

师：是呀，那第四至六自然段写了火烧云的形状特点是怎样的呢？谁能完整地说一说？

生：这几个自然段写了火烧云形状变化极多极快。

(3) 整合信息：将第三至六自然段的主要内容浓缩成一句话。

在读懂每一个自然段意思的基础上，学生再来借助关键句概括第三至六自然段的意思，很容易就概括出：火烧云颜色和形状的变化极多极快。

引导学生学会浓缩文本信息，先让学生读懂每个自然段的段意，理清段与段之间的关系，初步让学生体会相关内容的几个自然段可以划分在一起，成为一大段。这是对该册教材第四单元语文要素掌握水平的一个更高的提升，也为学生以后掌握归纳课文主要内容的能力作了铺垫。

2. 案例二：《小英雄雨来(节选)》(四年级第二学期)

经过三年级一年的学习，学生基本能够通过"抓关键语句"浓缩文本信息。由于关键语句在文中的位置比较明显，一般在段前或段后，学生能够在找到后，对其进行调整，为浓缩文本信息搭建支架。但是四年级的文章篇幅较长，内容结构较为复杂，没有明显的关键语句，该如何浓缩文本信息？以四年级第二学期第六单元《小英雄雨来(节选)》为例。在教学这一课时，引导学生分部分进行阅读，先读懂每部分的内容，再列小标题，最后借助列小标题浓缩文本信息，从而把握文章主要内容。

列小标题的角度可以是多样的，但对初学者而言，抓住主要人物和主要事件来列小标题，对把握长文章的主要内容会有更好的辅助作用。

(1) 阅读文本：如何更好地把握长课文的主要内容呢？请学生自己读一读这篇文章，想想文章主要讲了什么？

(2) 读懂部分

① 学习第一部分小标题

师：课后练习教了我们一个好方法，那就是给课文的各个部分——列小标题。

师：瞧，第一部分小标题已经列好了，一起读。（随机板书：游泳本领高）

师：回顾第一部分的内容，再读一读这个小标题，你有什么发现？

生：我发现小标题很短，只有几个字。

师：是的，小标题简洁明了。还有呢？

生：我发现课文第一部分就是在写雨来游泳本领高。

师：第一部分围绕"雨来游泳本领高"写了哪些事呢？

生1：第二自然段写了雨来每到夏天就和小伙伴一起在河里钻上钻下、藏猫猫、狗刨、立浮、仰浮、还写了雨来的仰浮本领最高。（师随机框出第二自然段）

生2：第三至五自然段还写了妈妈追雨来，雨来扎进河里逃脱。（师随机框出第三至五自然段）

师：可见小标题抓住了主要人物雨来和他的事件，简洁地概括了第一部分的主要内容。

② 尝试给第二部分列小标题

师：我们也尝试着用上这样的方法，给课文的第二部分列小标题，帮助我们把握文章的主要内容吧。

……

生：我的小标题是"雨来认真上夜校"，因为这一部分就是在写主要人物雨来上夜校的事，写他在夜校里学了什么。

③ 尝试四人小组给第三至六部分列小标题

师：请大家尝试用较快的速度默读第三至六部分，先自己给这四个部分分别列个小标题，写在序号旁，再在小组内交流，选择大家认为最合适的小标题写在四张卡纸上。

(3) 整合信息：请大家借助这些小标题连起来说说课文的主要内容。

在学生合作列小标题环节，学生呈现出一些不足，问题主要集中于"未能紧扣主要人物"或者"主要事件把握不准"。对于主要人物的把握首先源于文本自身的难度。首先,长文有着情节复杂、人物丰富的特点。各个人物离散在文本各处,加深了理解的难度,学生如果不能瞻前顾后地阅读,便很快会忘了之前了解到的情节与人物;浓缩文本信息时,也很容易混淆主次,忽略主要人物,聚焦其他人物。其次,源于学生的知识起点。在四年级第一学期第三单元的学习中,学生学过"关注主要人物和事件,把握文章主要内容"的方法。本次教学,是奠定在此基础之上的,教学环环相扣,知识层层递进,但学生领悟吸收与运用知识的水平参差不齐,对之前的技能有所遗忘,需要在教学中逐渐唤醒,逐步巩固。

3. 案例三:《祖父的园子》(五年级第二学期)

经过前两年的学习,五年级学生在浓缩文本信息方面已具备一定的基础,能够借助"抓关键语句""列小标题"来归纳课文主要内容。但是五年级的文章内容要素丰富、结构要素复杂、作者表达形式多样。如何分清文章的主次,把握课文的主要内容? 这是五年级浓缩文本信息的重难点。以五年级第二学期自传体长篇小说《呼兰河传》片段《祖父的园子》为例。文章共有十九个自然段,篇幅比较长,如何引导学生读懂这篇文章的主要内容呢? 但是这篇文章比较特别,文中既有写景的,又有写事的,因此归纳起来有一定的困难。如何帮助学生攻破这个难点呢?

(1) 阅读文本:请学生自己读一读课文,并请他们边读边想:课文主要写了什么?

(2) 读懂部分

师:请大家自己读一读课文,边读边想:课文围绕"祖父的园子"写了哪些内容?

生:课文围绕"祖父的园子"写了祖父园子里的景物和"我"在祖父园子里的活动。

师:是的,课文就是从这两方面来写的。作者着重写了哪一部分的内容?

生:园子是"我"和祖父的活动场所,作者重点写的是他们在园子里的活动。

(3) 整合信息

师:再想一想,课文哪几个自然段写的是园中的景物? 哪几个自然段写的是"我"在祖父园子里的活动?

生:第一至三自然段,写的是园中的景物。

第四至十四自然段,写的是"我"和祖父在园子里的活动。

第十五至十九自然段,写的是太阳下的园子和园中的景物。

师：如果进一步合并这三个部分的内容，你会怎么合并？

生：第一、第三部分都是写景的，所以把这两部分的内容合并在一起。第二部分是写事的，单独划分。

师：请同学们再读一读这两个部分的内容，尝试把你读到的内容浓缩成一句话，用简单的句子来归纳这两部分的主要内容。

生：第一部分：祖父的园子里生活着各种各样的昆虫，种着许多农作物。

第二部分：童年时代，"我"跟随祖父在园子里快乐地劳作，过着自由自在的生活。

师：将两部分的内容合并在一起，就是这篇文章的主要内容。

本案例浓缩文本信息的过程，简单来说归纳为三步骤：理清课文内容，分清主次——划分课文段落，合并相同内容——浓缩段落信息，归纳主要内容。教学时，学生对于课文段落的划分比较容易把握，但是在浓缩段落信息时，还是存在一定的难度，学生难以用比较简洁的句子来归纳这一部分的内容。因此教学时，还是需要放慢节奏，引导学生慢慢归纳出每一部分的内容，然后将两部分的内容合并在一起。

综上所述，扩大单元域，横向梳理子策略"浓缩文本策略"在各年级各单元中的不同落实程度，以期达成这一能力训练在不同年级的螺旋上升，逐步掌握相关阅读策略，形成"概括与归纳"这一能力。

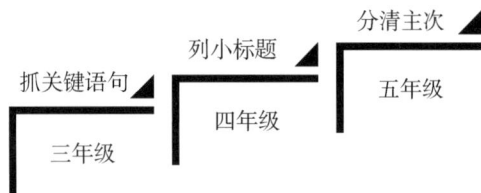

分清主次

列小标题

抓关键语句

五年级

四年级

三年级

图 1-3 "浓缩文本策略"在各年级中的侧重点

三、案例反思

（一）由扶到放，学习过程可视化，凸显教学方式的改变

教学要真正落实到学生身上，要以学定教，让学习成为课堂的中心，让学生成为学

习的主体,让教师成为学习的引导者。从三个案例的教学过程,可以看出教师教的方式、学生学习的方式都在发生改变。无论是"抓关键句浓缩文本信息""抓主要人物、主要事件列小标题浓缩文本信息",还是"抓主要内容浓缩文本信息",案例力求凸显教师教得无痕,学生学习的路径清晰。《小英雄雨来(节选)》中列小标题是学生学习的难点,在教学过程中分层、分步进行教学,引导学生借助教材课后练习给出的小标题"游泳本领高"来了解小标题的一般特点,接着让学生尝试给第二部分列小标题,最后鼓励学生在四人小组里给后面几个部分列小标题,将由扶到放、由不会到会的学习过程加以呈现,将"列小标题浓缩文本信息"这一方法教得明白,学生学得清楚。教学方式的改变,让学生思维围着目标深刻展开,让学习效果得以有效实现。

(二)课程整合,探索学科间的交叉融合,价值引领,立德树人

每一个学科都有自己的专属语言,虽然呈现方式和形式各不相同,但都在表达和记录着情感和生活。如《火烧云》一课的学习前,引导学生去探究"火烧云是怎么形成的",可以指导学生通过查找资料、采访自然老师等方式了解火烧云形成的原因。学完文本后,语文老师可以和美术老师统一意见,在美术老师的指导下,请学生结合文本内容,画一画自己见过的火烧云或者文本中描写的火烧云的景象。又如,《小英雄雨来(节选)》一课中,引导学生去感受小英雄雨来的人物品质,感受到他的聪明机智、英勇无畏。语文学科知识的学习,不是孤立的,要能够汲取不同学科的知识和素养,实现跨学科融合,整合可融合性强的内容,为解决语文学科中存在的问题服务,提高语文教学质量。

小学英语学科复习课结构
创新的实践与研究

项目主持 祁承辉

项目实验校 上海市徐汇区向阳小学

项目组长 冯 霖

项目组核心成员（按姓氏拼音排序）：

陈奇刚 陈一明 冯 霖 李 萍 施嘉平

夏 彬 朱 雯 朱艳平

一、研究背景综述

新一轮课程改革提出了学生发展核心素养的理念,即培养学生能适应终身发展和社会发展需要的必备品格和关键能力。在此理念指引下,指向英语学科核心素养形成的教学形态,将以"学生为主体、常态化的活动"为各年段教学的基本形式和学生学习及运用英语的主要途径;以"人物自我、人与自然、人与社会"为主题范围;以"多模态语篇"为教学载体;以"结构化的知识、基于真实情境的技能、认知及元认知策略、健康的情感态度价值观"为教学内容;以"置于意义情境的学习活动"和"促进教学的学业评价"为教学进程。

在新课程理念以及以学生为中心的活动观的引领下,广大小学英语教师需要重新审视教学设计与实施的合理性和有效性,科学组合教学的诸要素,积极设计结构化、情境化、过程化的教学方案,创设一系列具有关联性、综合性、实践性特点的学习活动,进而促进小学生英语学科核心素养的培育和形成。

新理念下的小学英语复习课应该是一个学生对阶段时间内所学知识与技能、思维与策略、文化与情感的回顾、评价和建构的过程。这个过程不仅是学生巩固自我学习能力的过程;也是学生在其间发现新的信息并形成思维的过程;还是一个学生接受与学习除了语言知识之外的社会、人文、科学等跨学科知识与信息的过程。教师如何通过对复习课结构,包括目标、内容、活动、资源、评价与练习等要素的完善与创新,从而培养学生获取、整合、内化复习技能和策略、审美能力、文化意识以及思维品质,是本研

---

① 执笔人:祁承辉(上海市教育委员会教学研究室).

究的主要方向和核心意义所在。

二、研究目标与内容

（一）研究目标

分析新课程背景下小学英语学科教与学方式的变革与发展，提炼指向复习课结构创新的实践要点，建立有助于实现学科融合、发展学生核心素养、体现课程立德树人价值的小学英语复习课教学设计与实施的基本路径与模型。

（二）研究内容

1. 小学英语复习课结构创新的基本思路

（1）明确学生需求

小学英语学科无论哪一种课型的教学设计与实施，其起点之一都是分析学情，从学习内容、知识要点、学生基础、活动选择等维度进行详细地梳理与汇总，复习课也不例外。只有准确地对学生的需求进行分析，才有可能制定出合理的复习目标，整合适切的复习内容，选择灵活的复习活动，提供有效的复习资源，实施精准的学习评价。下表 1 - 3 为教师对《英语（牛津上海版）》四年级第一学期 Module 1 Unit 2 复习课时的学情分析：

表 1 - 3　4A　Module 1 Unit 2 Revision 学情分析

内容	知识要点	学生基础			活动选择
语音	-sp（wasp, crisps）	熟知☐	略知☐	新知☑	倾听、模仿、朗读
词汇	paint, draw, read, write, swim, jump, fly, skip, run	熟知☐	略知☑	新知☐	倾听、模仿、朗读、造句、拼读、抄写
词法	副词：fast, well, high 连词：and, but	熟知☐	略知☐	新知☑	倾听、模仿、朗读、交流、描述

内容	知识要点	学生基础			活动选择
句法	一般疑问句： - Can he/she swim? - Yes，he/she can. No，he/she can't.	熟知 □	略知 ☑	新知 □	倾听、模仿、朗读、问答、交流
语篇	对话的基本信息 记叙文的基本结构	熟知 □	略知 □	新知 ☑	倾听、朗读、阅读、问答、描述、交流

（2）聚焦教学目标

由于不同年级的学生在年龄特征以及对应不同学习内容的学习基础方面的不同，随之而来的教学目标，包括复习课的教学目标设定自然也不相同。本研究项目组老师结合区域的学科专项要求和校本化的教学指导手册，对各年级教材每一个单元、每一个课时的教学目标进行了清晰的归纳，其中包括每一个单元内复习课的教学目标，这对于教师后续开展有效的教学设计提供了准确的方向。表1-4为三年级第二学期 Module 3 Unit 2 Colors 单元的各课时教学目标列举，含阴影一栏为本单元复习课的课时教学目标：

表1-4　3B　Module 3　Unit 2 Colors 各课时教学目标一览

课时 话题	Period 1 Colors in the forest	Period 2 Colors in the national park	Period 3 Colors in my school	Period 4 Colors in the pictures
课时 目标	1. To identify different things ' sky, grasshopper ' in context. 2. To describe the colours of things with adjectives 'The sky is blue.'. To express with proper voice, facial expression and acts. 3. To indicate one's	1. To identify the things 'mountain, river, lake' in the national park by using the key words. 2. To find out the colours of things in the national park with wh-questions 'What colour is the grass? /What colour are the	1. To identify the pronunciation of the sounds 'cl-' 'pl-' and 'gl-' in words. 2. To find out the colours of things belong to someone else with wh-questions 'What colour is your bag? /What colour are Peter's pencils?'. To	1. To compare the position of adjectives 'It's a red flower' or 'It's red'. 2. To compare wh-questions between ' What colour is ...?' and 'What colour are ...?'. To express with proper voice, facial expression and acts. 3. To talk about pictures with 'When is it? What can you

课时话题	Period 1 Colors in the forest	Period 2 Colors in the national park	Period 3 Colors in my school	Period 4 Colors in the pictures
	likes with 'I like reading at home in winter'.	flowers?'. To express with proper voice, facial expression and acts. 3. To talk about the colours in the national park.	communicate, exchange and response with group members sincerely. 3. To make a dialogue about colours in my school.	see? What colour is/are …? How is/are …?'. To exchange roles in groups according to the topic in order to finish the task. 4. To be aware the different colours in different times, places and arts.

（3）整合教学内容

教学内容是对课堂教学中教师的教和学生的学的一个系统的描述。是否在复习课设计时能整合适切的内容，主要看教师能否准确地把教学内容贯穿到复习活动中去。本研究项目组所有成员对于复习课如何整合教学内容展开过专门的实践与交流，以下为部分教师持有的观点：

教材内容的使用无需拘泥于它的先后顺序，可以根据复习目标和学生年龄及特点进行调整。根据单元内各课时的目标设计，教师可以对复习课对应的教学内容进行再判断，可以思考：这些内容一课时里能完成吗？它是否缺了什么？我可以到哪里去选一些素材与资源跟它配合起来？（李××）

鉴于复习课课型的特点以及预设的复习目标，教学内容也应当能起到"以旧带新""稳中有进"的作用。（王××）

从中不难看出项目组对于复习课的教学内容在其呈现的时间、篇幅、核心和功能等方面达成了一定的共识，即：复习课的教学内容整合应关注其呈现的灵活性、篇幅的合理性、核心的多元性以及功能的全面性。

（4）突出活动设计

在具体复习目标与复习内容的导向下，教师要通过组织和开展一系列不同类别的复习活动来指导学生巩固所学的知识与技能；强化已形成的学习策略；夯实文化体验和提升思维品质。具体复习活动类别见表1-5：

表1-5　小学英语复习课常见活动类别

活动类别	活动指向
参与类复习活动	吸引学生注意力，激活他们的思维，帮助他们调动原有的知识。
探究类复习活动	提供学生时间去回顾、思考和收集相关信息。
解释类复习活动	组织学生个体或合作对探究过程中发现的东西进行分析。
拓展类复习活动	引领学生将已掌握的概念和技能应用到真实情境中，从而拓展和巩固学生对这些概念和技能的理解。
评价类复习活动	提供场景和工具，鼓励学生自主评价对特定学习内容的掌握水平。

（5）融入综合评价

及时且多元的评价活动对复习课的教学过程和教学收效在原有基础上不断改进能起到推动作用。这些评价活动不仅能使复习过程中各个因素保持其活跃的功能，还能使这些因素互相关联产生新的合力，从而进一步在学生的兴趣、习惯和复习成果等方面产生积极的影响。

2. 小学英语复习课教学设计的基本流程

（1）制定复习课教学设计的路径

在研究过程中，项目组站在单元的视角，将复习课的设计融入整个单元教学设计之中，初步形成相关设计路径：首先确定复习课目标，随后整合复习课内容，并设计复习课过程，既体现了学科单元整体设计的理念，又具备对单元内复习课课时设计的操作指引，具体路径见图1-4。

（2）明确复习课教学设计的框架

在研究过程中，项目组在认真学习并解读课程标准以及市区校三级编制并使用的学科教学指导手册，如《上海小学英语教学基本要求》（以下简称《基本要求》）《徐汇区向阳小学英语学科教学指导手册》（以下简称《指导手册》）等的基础上，探索并初步研制了指向复习课结构优化的工具表若干，并在形成性实践过程中结合《布鲁姆教育目标分类学》（以下简称《目标分类学》）等专业书籍，不断调整，不断明确，最终形成了包

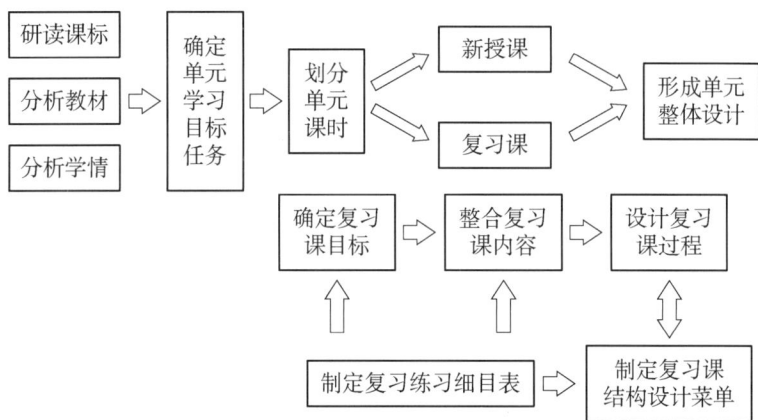

图 1-4　小学英语复习课设计路径

含"聚焦学生核心素养发展的复习目标""整合单元教材内容与跨学科信息资源的复习内容""推动学生语言运用的复习活动""体现指导和促进学习有效性和持续性的学习评价"等要素的小学英语复习课教学设计框架。

（3）落实复习课教学设计的要素

在设计复习课教学设计路径以及明确复习课教学设计框架的过程中，项目组也在发现和解决研究产生的问题，如：小学生能通过复习课的学习发展些什么？复习课的情境创设与整个单元所创设的情境是怎样的关系？复习课的内容如何承载除了掌握知识与技能之外，更着重培养必备品格与关键能力？在此基础上，逐渐明确了设计的要素，包括：①准确的目标定位；②充实的内容选择；③灵活的活动推进；④多样的资源支持；⑤贴切的评价融入，并在开展各年级不同单元复习课教学设计时加以落实。

三、研究方法与过程

本研究的方法是在布鲁姆教育目标分类学、齐亚里罗特的学习循环模式等理论指导下，通过对英语课程标准核心理念的分析研究，提炼小学英语复习课对发展学生核心素养的功能指向，形成复习课结构创新的基本框架。

同时,为有效落实"双新"背景下学科融合的发展需求,本研究主要通过梳理教材内容、整合复习内容和优化复习活动的方法,探索并体现其应用要点。(有关实践在后续案例中有说明)

本研究自 2020 年 6 月正式启动以来,由市、区学科教研员与徐汇区向阳小学英语教研组联合组成项目组,具体工作进程如表 1-6 所示:

表 1-6 小学英语复习课结构创新的实践与研究项目工作进程

时间(段)	研究工作	主要内容	主要责任人
2020 年 7 月	完善研究方案	学习总项目组工作要求,阅读学科初步方案,在听取各方意见的基础上最终确立研究方案	市、区教研员 基地校项目组 全体成员
2020 年 7—8 月	学习文献资料	依据学科项目研究专题,个人或分组方式开展相关文献资料的学习与研究	基地校项目组 全体成员
2020 年 9 月—2021 年 1 月	项目实践研究 (第一阶段)	1. 聚焦学科项目核心,开展定年级(可以是全部 5 个年级,也可以是分成低、中、高年级组别)定人(项目组成员)定时间的课堂教学实践 2. 通过亲身实践或观摩实践,收集、梳理围绕学科项目研究内容的资料与课例 3. 组织教研人员与基地校项目组成员的 1—2 次工作交流会,调整与优化项目进程及成果积累	市、区教研员 基地校项目组 全体成员
2021 年 2—4 月	项目实践研究 (第二阶段)	同上	市、区教研员 基地校项目组 全体成员
2021 年 4—5 月	项目成果汇总	1. 围绕本学科项目成果分类(研究报告、案例、论文、课例实录等),项目组进行分头落实 2. 参与市学科优质课研讨活动,完成基于研究主题的课堂教学展示活动	市、区教研员 基地校项目组 全体成员
2021 年 6 月	完成研究项目	1. 完成项目经验提炼所涉及的各项资料 2. 参与部门组织的项目展示活动	市、区教研员 基地校项目组 全体成员

四、研究结论

（一）研究关键词的概念界定

小学英语复习课的结构创新

这是指基于课程标准对小学英语课程育人价值的定位，结合教材、学情、课型的分析，对复习课的教学设计框架、重要属性和实施过程进行判断并予以个性化和有效化重组的实践活动。

（二）系列工具量表的研制

1. 复习练习细目表

在研究过程中，为了更精准地把握复习课的目标、内容以及设计与之匹配的活动。项目组根据新授课学生活动和学生作业中呈现出的错误比较集中的地方、本单元的重难点以及学习增长点，编制了复习练习细目表。复习练习细目表体现了当前阶段学习能力、语言能力和思维品质的要点。具体见表1-7：

表1-7 小学英语复习课练习细目（部分）

强化巩固点	学习水平		评价点	活动形式	活动示例
1. 语音	1.1	A	能正确朗读……	口语 ☑ 听力 ☑ 读写 ☐	听录音，填入所缺字母组
2. 词汇	2.1	C	能对听到的核心词汇做出正确判别……	口语 ☑ 听力 ☑ 读写 ☑	看图说单词

强化巩固点		学习水平	评价点	活动形式	活动示例
3. 词法	3.1	A	能正确辨别使用 ……	口语 □ 听力 ☑ 读写 ☑	选择正确的答案

2. 复习课课堂教学结构设计菜单

在研究与实践过程中,项目组成员普遍觉得可以使用菜单勾选的形式,将复习课中可能用到的活动类型列举出来,并结合《目标分类学》的学习,最终形成复习课课堂教学结构设计菜单。(详见第二部分实践案例中的相关表格)

3. 复习课课堂教学结构设计表

根据复习课课堂教学结构设计菜单,教师不仅思考不同活动指向的评价维度和评价点,还结合本节复习课的话题、功能和语境,思考这些思维活动的先后顺序,在此基础上形成复习课课堂教学结构设计表。具体见表1-8:

表1-8 小学英语复习课课堂教学结构设计表(部分)

Sections	Stages	Core Competence	
Pre-revision preparations	Warming up		
	Leading in	关键能力 必备品格	
While-revision procedures	Exemplifying	关键能力 必备品格	
	Concluding	关键能力 必备品格	
	Predicting	关键能力 必备品格	
	Translating	关键能力 必备品格	
	Abstracting	关键能力 必备品格	

Sections	Stages		Core Competence
Post-revision activities	Using	关键能力 必备品格	
	Assigning	关键能力 必备品格	

五、思考与展望

概而言之,本研究主要在以下方面有着一定的成果与突破:

1. 以发展学生学科核心素养为基本理念,明确了新课程背景下对小学英语教育教学实现立德树人目标的新要求。

2. 从"复习课的结构"角度入手,促成了教与学方式的变革在小学英语学科的落实。

3. 以研制课堂教学系列工具表为手段,反映了小学英语复习课结构创新的成果。

4. 以学科融合为指向,突出了新课程理念下小学英语学科知识技能结构化的学科实践,确立了课程全面育人的观念。

对于本研究后续的成果分享与推广,包括促进学科融合在学科教学设计与实施中深化,还需要有关教研人员和广大教师多加思考,主要包括:

1. 进一步加强对于新课程标准中指向小学英语学科育人价值、核心素养、各级目标等诸要素的学习与践行。

2. 不断提升学科融合在学科教学设计与实施中的实践力度,力争形成有效的做法与经验。

3. 逐步认清深度学习在小学英语教育教学工作中的核心指导思想地位,全面优化与完善小学英语学科的教学设计与实施。

参考文献

[1] 梅德明.基于核心素养的英语学科课程发展——课程目标演进的价值取向[J].

英语学习,2016(12)：6-12.

[2] 贾冠杰.英语教学基础理论[M].上海：上海外语教育出版社,2010.

[3] 上海市教育委员会教学研究室.上海市小学英语学科教学基本要求[M].上海：
上海教育出版社,2017.

第二部分　实践案例①

一、案例背景

这是一个从日常教学引发的思考出发,逐渐形成研究项目的代表案例。

在本学科日常教学中,教师经常发现学生学习中的困难或错误比较集中的地方,需要教师帮助学生修正错误,并助其梳理、巩固、迁移所学知识。于是,如何优化小学英语复习课的设计和实施,小学英语复习课的实施是否能改变以往的做题——讲题——复习模式等问题引发了教师关于复习课是否也能通过像新授课一样的设计与实施,将语言知识的巩固、迁移,语言能力的深化以及思维品质、文化意识的培养融入语境,运用语境带动复习,从而提高学生整体学习质量的思考。

基于这些思考,项目组的全体教师进行了一系列的理论学习、调查研究,一个研究项目初显雏形。内含对于如何优化复习课的设计与实施的思考,包括明确复习课的教学目标、整合复习课的教学内容以及设计复习课教学流程。其中,复习课的结构应是改变教与学方式的核心问题。因此,在市教研员老师的指导下,项目组确定"小学英语复习课结构创新"为项目研究的突破口。

这既是基于标准、目标导向下的教学实践研究新生长点,同时聚焦了小学英语学

---

① 执笔人：冯霖(上海市徐汇区向阳小学).

科教学的现实问题。

本案例选材为《英语(牛津上海版)》三年级第二学期模块三第二单元,单元主题为Colors。本案例关注学科融合的意义,在复习课中开展跨学科融合、主题活动融合的实践,制定复习课的框架结构,探索融思维品质培养、文化意识树立、语言能力提升和学习能力发展为一体的复习场景,用语境带动复习活动。

二、案例主体

小学英语复习课实践案例

一、制定复习课总体框架

在设计复习课时,首先从设计复习课需要考虑的方面入手,借鉴区域提供的教学设计资源,结合《指导手册》,制定了总体设计框架。制定的框架分为:第一部分　学习规范培养细则与模块评价纲要;第二部分　第二学期教学指导。

在本课中,先从三年级第二学期的学期目标入手,根据本学期语音、词汇、词法、句法和语篇各个方面的要求做一个系统梳理。三年级第二学期模块三的主题是 Things around us,一至五年级这个模块的内涵各有侧重。三年级的这个模块侧重于Environment,即学生对于自然环境的感知与体验。然后再从模块分解到单元,从单元分解到单课开展单元整体设计。Unit 2 Colors 让学生从不同的气候、不同的季节、不同的地点来感知同一事物不同的颜色。将复习课时放在单元整体设计中整体考量,通过单元复习练习细目表的制定,做到教——学——评的一致性。

二、确定复习课设计路径

根据《指导手册》,单元整体设计的路径是从"研读课标,分析教材,分析学情"到确定单元学习目标任务,再进行单元课时的划分。

在开展本项目研究过程中,项目组老师试着完善单元整体设计,把课时教学设计部分分成了新授课与复习课两个部分。根据复习课的设计特征增加了复习课的设计路径(见图 1-5):首先确定复习课目标,随后整合复习课内容,并设计复习课过程。

为了让教师在进行复习课教学设计时有据可依,项目组在集体讨论后以及专家的指导下形成了复习练习细目表和复习课结构设计菜单。复习练习细目表指导了复习课目标的确定和复习课内容的整合;复习课结构设计菜单指导了复习课的过程设计。最终完成单元整体设计。

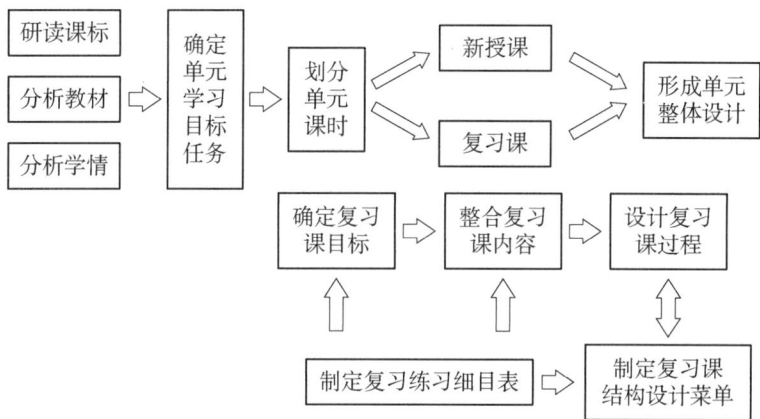

图 1-5　小学英语复习课设计路径

三、规划复习课结构设计

（一）通过工具表的制定和使用,规划复习课的结构设计

1. 复习练习细目表的制定

为了更精准地把握复习课的目标、内容以及设计与之匹配的活动。项目组根据新授课学生活动和学生作业中呈现出的错误比较集中的地方、本单元的重难点以及学习增长点,编制了复习练习细目表。复习练习细目表体现了当前阶段学生学习能力、语言能力和思维品质的要点。

2. 复习课结构设计菜单的制定

在经过一段时间的复习课实践后,老师们普遍感到复习课的结构比较多样,较难归纳出一种具有普遍特征的结构模式。经过讨论后老师们觉得可以先将复习课中可能用到的活动类型列举出来,使用菜单勾选的形式。由此形成"复习课结构设计菜单"。

在把"复习课结构设计菜单"实践运用一段时间后,项目组教师发现一些问题,几位教研员老师也提出了一些意见：

（1）由于复习课的特征，"菜单"中的活动类型如 understanding、classifying、summarizing 等，在复习课中出现的前后顺序，以及是否一定在本复习课中出现，出现几次，是均有可能的，但如果直接把活动类型竖着排列，很容易让人误解成这些活动只能按照"菜单"上的顺序出现在复习课中，但实际并不如此。

（2）"菜单"中活动的分类标准不统一。如：活动类型中，understanding、classifying、summarizing 这几个活动类型，并不在同一层级中。Understand 作为布鲁姆认知过程类别中的学习层次应在其他两个学习活动的上位。

基于这些问题，项目组的老师进行了新一轮的理论学习。《目标分类学》一书中指出，布鲁姆的认知过程类别有六类，小学阶段涉及三类。每个大类中还细分了具体的认知过程。如："理解"中还细分为这些具体的认知过程。而这些具体的认知过程还能再细分。如"总结"还能细分为"概括"和"归纳"。这些认知过程都指向复习课的课堂教学过程。

由此，项目组修改了《复习课结构设计菜单》（见表 1-9）。将布鲁姆的认知过程，按照学习水平的分级进行层级梳理。

（3）复习课结构设计表的制定

在进行复习课结构设计时，根据《复习课结构设计菜单》来勾选活动类型，同时考虑这个学习活动指向的评价维度和评价点是什么。在复习的过程中，不仅着眼于知识层面的巩固和迁移，并关注学生的思维品质和学习能力的发展。结合本节复习课的话题、功能和语境，思考这些思维活动的先后顺序，形成《复习课结构设计表》，这也就是复习课的结构设计。

（二）小学英语复习课的结构设计

在本课中，根据新授课学生活动和学生作业中呈现出的错误比较集中的地方（见图 1-6）以及本单元的重难点和本单元的学习增长点，确定需要在复习课上强化巩固的要点。结合当前阶段学生学习能力、语言能力和思维品质评价的要点，形成《复习练习细目表》（见表 1-10）。

表1-9 复习课结构设计菜单(部分)

Section	Language Ability			Dos	Don'ts	Core Competence
	Level ...	Stages	...	...	...	
While-task procedures	Understand (B)	☐ Interpreting	☐ Translating ☐ Representing	☐ Recall the prior knowledge. ☐ Show the proper examples. ☐ Focus on the reading skills. ☐ Focus on the writing skills.		☐ Arrange the learning activities in proper order. ☐ Write following the samples. ☐ Correct the mistakes.
		☐ Exemplifying		☐ Arrange the roles. ☐ Control the time in groups. ☐ Give a feedback after discussion.	☐ Use Chinese	☐ Focus on the speakers' words with eyes contact, behavior and facial expression. ☐ Express with proper voice, facial expression and behavior.
		☐ Summarizing	☐ Abstracting ☐ Generalizing	☐ Guide to get the summary. ☐ Support the ways how to summarize.	☐ Show the summary at first.	☐ Focus on the speakers' words with eyes contact, behavior and facial expression. ☐ Respect the speakers and not to interrupt the speakers' words. ☐ Express with proper voice, facial expression and behavior. ☐ Write following the samples. ☐ Communicate exchange and response with group members sincerely.

Think and write（根据练习A的图写一写）

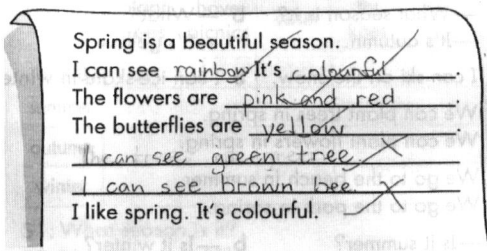

图1-6　本单元学生错误比较集中的地方

表1-10　3B Module 3 Things around us Unit 2 Colors 复习练习细目表（部分）

强化巩固点		学习水平		评价点	活动形式	活动或题型
		《基本要求》	《指导手册》			
1. 语音	1.1.1 常见字母组合的读音规则 cl-，pl-，gl-	A	A-L2	能正确朗读并辨认带有字母组合'cl-，pl-，gl-'的熟词。对带有字母组合'cl-，pl-，gl-'的单词作出正确判别。表达时注意采用适当的音量。	☑口语 ☑听力 ☐读写	读一读，说说画线部分的发音符合哪种读音规则。 听录音，填入所缺字母组。
2. 词汇	2.1 核心词汇 sky，sea，mountain，river	C	C-L3	能对听到的核心词汇作出正确判别，并能区分相近词。能在语境中，选用核心词汇进行口头和书面表达。用眼神、表情、动作等体现对老师或同学表达内容的关注，或做出相应的反应。	☑口语 ☑听力 ☑读写	看图说单词。 根据听到的内容，选择正确的单词。 看图，填空完成对话。

强化巩固点		学习水平		评价点	活动形式	活动或题型
		《基本要求》¹	《指导手册》			
3. 词法	3.3 形容词 It's a red flower. It's red.	A	C-L3	能根据语境,正确使用形容词进行口头和书面表达。注意形容词在作表语和作定语时的不同位置。在书面表达时,能根据图片或提示,规范书写单词或句子。	☑口语 ☑听力 ☑读写	听录音,判断下列句子,相符的写 T,不符的写 F。 看图,完成填空。 看图根据提示,并仿照示例说一说。

依据"复习练习细目表",确定本单元复习课教学目标:

Learning objectives:

1. To **compare** the position of adjectives "It's a red flower" or "It's red".

2. To **compare** wh-questions between 'What colour is ...?' and 'What colour are ...?'. To express with proper voice, facial expression and acts.

3. To **talk about** pictures with 'When is it? What can you see? What colour is/are ...? How is/are ...?'. To exchange roles in groups according to the topic in order to finish the task.

4. To **be aware of** the different colours in different times, places and arts.

依据"复习练习细目表",整合本复习课教学内容:

• 输入文本:Colors of the apple tree

In spring, it has some small buds. The buds grow and grow. It also has some leaves. They are green. It has flowers, too. They are white and pink. Look! A busy bee is coming. Some bees visit the apple tree.

In summer, the apple tree is green. It has small and green apples. The apples grow and grow. It has many leaves. They are big and green. My father, mother and my sister can take a rest under the tree.

In autumn, the apple tree is colourful. It has colourful leaves and red apples. When the apples are big, my father picks the apples from the tree. They are sweet and juicy.

In winter, the apple tree has no green leaves or red apples any more. It is brown and white. The clean and white snow falls on the branches and the trunk. My sisiter can make a snowman near the tree. It is white , and it has an orange nose.

● 练习文本：Colours of the sky

Before the rain comes, there are lots of clouds in the sky. They are (grey). The sky is (white and grey). The ants move home. They are (busy).

What	What colour	How
clouds	grey	/
sky	white and grey	/
ants	/	busy

When it is raining, the sky is grey. There are many clouds in the sky. They are black. The bright lightning flashes through the sky. The rain falls down. It is so heavy.

After the rain goes away, the sky is blue. The clouds are white. The big sun comes out again. It shines and shines. There is a rainbow in the sky. It is colourful.

　　然后根据"复习课结构设计菜单"勾选思维活动类型，来进行复习课结构设计。结合本节复习课的话题、功能和语境，思考这些思维活动的先后顺序。同时考虑这个学习活动指向的评价维度和评价点是什么，形成"复习课结构设计表"（见表 1 - 11）。

表 1-11　3B Module 3 Things around us Unit 2 Colors Period 4 复习课结构设计表(部分)

Sections	Stages		Core Competence
While-revision procedures	Exemplifying	关键能力 必备品格	通过教师的引导,根据上下文语境理解形容词作表语与作定语的不同位置 用眼神、表情、动作等体现对老师或同学表达内容的关注,或做出相应的反应
	Concluding	关键能力 必备品格	能根据上下文的语境,总结形容词作表语与作定语的不同位置并正确进行口头与书面表达 能根据提示,规范书写句子,卷面整洁
	Predicting	关键能力 必备品格	能根据听到的内容,理解一般疑问句或特殊疑问句的表达含义并推测问句 能从录音、视频等材料中抓住关键词,理解语句
	Translating	关键能力 必备品格	在阅读语篇的过程中,完成知识点的迁移 能根据图片或提示,正确使用单句进行书面表达
	Abstracting	关键能力 必备品格	在阅读语篇的过程中,能运用特殊疑问句的提问方式,获得关键信息 在个人、对子、小组、全班等不同的表达范围中,采用适当的音量、面部表情和肢体语言进行交流。

四、设计复习课教学活动

(一) 在复习课中开展跨学科融合、主题活动融合的实践

在"双新"背景下,跨学科融合、主题活动融合,越来越受到学界和大众的关注。在现实中,每门学科都不是独立存在的,它们相互关联、相互影响。在现实生活中,各个学科独立展开的"竖井式"的思维模型并不适用于实际问题的解决。用跨学科的方法解决问题,理解不同学科背后的广泛联系,才能帮助学生适应日后现实生活中可能面临的各种情况。

在进行复习课教学活动的设计中,项目组关注了跨学科融合和主题活动融合。

首先,现行的《牛津英语(上海版)》教材中有许多地方体现了其他学科的元素。在这些元素的基础上,结合单元主题和单课话题,在复习课堂中进行跨学科融合的实践。

其次,在复习课中综合运用不同学科的知识、技能和思维方法来解决实际问题,进

行主题活动融合的实践。

本课中，根据单元主题 Colors 的特点，让学生感受自然景物的颜色在不同艺术作品中的不同表现。通过问题的提出：如何留住大自然的美丽瞬间，引发学生的思考。在教学中融入了美术学科中的绘画、摄影元素，让学生在复习、巩固和运用所学语言知识和结构的同时，获得色彩美的体验，获得艺术美的熏陶。

从课的一开始，通过观看视频，将学生带入色彩斑斓的大自然，直观地体验、感受大自然色彩的美。在课堂的 While-task procedures 环节中，输入文本"Colors of the apple tree"，与文本配合的卡通风格的动画；练习文本"Colors of the sky"，与文本配合的摄影作品，以及穿插其间的视频，都体现了美术学科的融入。学生在复习、巩固和运用所学语言知识和结构的同时，体验了美术作品中所表现的大自然的色彩美。在 Post-task activies 环节，通过对美术作品中国画的欣赏，引导学生在欣赏表现美丽大自然的艺术作品的同时能与同学们一起分享美景美画，用所学语言描述一幅中国画，从中获得色彩美的体验，感受艺术美的熏陶。

（二）立足单元创设语境，运用语境，带动复习活动

项目组尝试改变小学英语复习课以往的做题——讲题——复习模式，探索融思维品质培养、文化意识树立、语言能力提升和学习能力发展为一体的复习场景，用语境带动复习活动。

在本课中，从模块 Things around us 出发，立足单元主题 Colors，创设复习课语境，通过介绍 Mike 一家喜欢的艺术方式，让学生体验、感受不同的气候、不同的季节、不同的地点的情况下，同一事物不同的颜色，以及这些自然景物的颜色在不同艺术作品中的不同表现。

本课在 Post-task activies 环节设计的语言运用活动是：To make an introduction about the colors in the pictures。通过欣赏 Mike 的爸爸画册中的中国画，描述 Mike 的爸爸收藏的一幅中国画，感受艺术美。为了达成这个语言运用活动，在语境的带动下，通过三个核心问题（What can you see? What color is/are ...? How is/are ...?）的引领，层层推进复习活动。最后将这三个核心问题作为支架，让学生运用所学语言知识和结构完成预设的语言运用活动，同时融入思维品质的培养、文化意识的树立和学习能力的发展。

在课的一开始，通过欣赏视频，借由这三个核心问题，引起学生的初步体验，获得对大自然色彩美的感知。

在 While-task procedures 环节中，输入文本"Colors of the apple tree"的语境是 Mike 用画笔和文字记录的院子里苹果树的一年四季的色彩变化。仍旧由这三个核心问题，引导学生发现文中"形容词在作表语和作定语时的不同位置"这一语言现象，启发学生的思考，总结这一语言规律，并在体验的过程中，迁移并正确运用这一语言规律。在这个过程中，依据复习课结构设计时制定的复习课结构设计表，通过 Read, circle and highlight；Make sentences；Read and write 等活动培养了学生列举、总结、迁移等思维品质。同时关注了学生学习习惯方面的培养，能否用眼神、表情、动作等体现对老师或同学表达内容的关注，或做出相应的反应。

练习文本"Colors of the sky"的语境是 Mike 的姐姐用摄影方式记录的大自然在不同天气情况下的色彩美。仍旧由这三个核心问题引导，学生在有信息差的语篇阅读过程中，运用这三个核心问题提问，获取关键信息，再运用所学语言知识和结构表达同伴语篇的要点。在合作阅读活动的过程中，依据制定的复习课结构设计表，关注了学生的学习能力的发展，包括能否与学习伙伴进行交流，交换意见，并对别人提出的意见或建议作出适当的应答。同时，通过 Listen and choose；Think and talk 等活动培养了学生预测、迁移和归纳等思维品质。

在整节复习课中，由这三个核心问题统领，通过语境的推进，启发学生的思考，让学生在此过程中获得色彩美的体验，感受艺术美的熏陶。

三、案例反思

作为小学英语学科较为新的课型之一——复习课的结构模式的探索，本案例中复习课的教学从目标制定、语言预设、多学科融合和多维评价等方面，探索结构化语言教学的方式，促进学生深度学习思维模式的生长。教师立足单元主题创设语境，通过回顾、设问、提升等路径架构，引导学生获得表达的技能、启动思维、获得能力。

经历了这次项目研究过程后,项目组全体教师深感,复习课也需要更多地关注学习能力中关于答题思路以及解题技巧方面的能力培养。而在所有复习过程中,应越来越多地由学生自主参与进来,将复习的主动权更多地交给学生。这将在我们今后的实践中不断探索和完善。

第二编

学科融合中的问题解决与能力迁移

学科融合视域下小学数学学科
学习活动设计初探

项 目 主 持 章　敏

项目实验校 上海市大宁国际小学

项 目 组 长 吴卫群

项目组核心成员(按姓氏拼音排序)：

　　　　陈力辰　陈铸辉　耿　敏　黄丽娟　刘　慧

　　　　马　欢　王亦乐　吴卫群　张　菁　张翊菁

　　　　赵　晨

一、研究背景综述

（一）学科融合的意义和价值

1. 学科融合是课程改革深入推进后，对学科教学方式转型的新要求

教育部 2001 年《基础教育课程改革纲要（试行）》中提出②，要改变现阶段课程结构中科目繁多、缺乏整合的现状，加强对学科相关性的重视程度。2014 年《关于全面深化课程改革落实立德树人根本任务的意见》明确指出③，要加强学科间的相互配合，发挥综合育人功能，不断提高学生综合运用知识解决实际问题的能力。2019 年《关于深化教育教学改革全面提高义务教育质量的意见》④中也明确提出了要优化教学方式，探索基于学科的课程综合化教学实践。由此可见，学科融合是课程改革深入推进后，对学科教学方式变革的诉求。

2. 学科融合是新时代下人才培养要求与课程教学实践相对接的新路径

当下，许多新问题新情况高度复杂，必须把不同学科的理论、工具、方法等有机统一起来，才能在科技和社会前沿问题上实现创新，取得重大突破。这就需要学校能够培养创新型、复合型和应用型人才。在分科教学的大环境下，如何在人才培养要求与

---

① 执笔人：黄丽娟、吴卫群（上海市大宁国际小学），章敏（上海市教育委员会教学研究室）.

② 教育部关于印发《基础教育课程改革纲要（试行）》的通知[S]. 中华人民共和国教育部，2001-06-08.

③ 教育部关于全面深化课程改革落实立德树人根本任务的意见[S]. 中华人民共和国教育部，2014-04-08.

④ 中共中央国务院关于深化教育教学改革全面提高义务教育质量的意见[S]. 中华人民共和国教育部，2019-06-23.

课程教学之间建立有效的衔接是关键。此时,在承认学科差异、不打破学科边界的前提下,尝试围绕共同的主题,以学科间相互渗透、交叉的方式实现协同育人功能的学科融合成为了操作性强的实践路径。

(二) 学科融合和小学数学学习活动设计

数学学习活动是指为达成预期的学习目标,学生在教师的指导与学习环境的交互作用下基于特定的学习任务而展开的一系列有助于学生认知(知识理解)、能力(思维发展)与情感态度(品格养成)发展的操作行为。

数学学习活动是数学课程教学与实施的关键,教师是否能够超越具体知识和技能,深入到思维的层面,由具体的方法与策略过渡到一般性思维策略的教学与学生思维品质的提升,帮助学生学会学习,真正成为学习的主人,这很大程度上考验的是教师数学学习活动设计的能力。

但是,在现有的实践中,更多的教师还是习惯从数学学科教学目标的达成维度出发,去设计数学学习活动,缺少对学生综合素养提升、全面发展的关注。因此,我们以学科融合视域下的小学数学学习活动设计为载体和媒介,促使教师从学科全面育人的角度出发,完善日常的教育教学实践。

二、研究目标与内容

(一) 研究目标

1. 积累学科融合视域下的小学数学学习活动设计案例。
2. 形成学科融合视域下的小学数学学习活动的基本特点与设计路径。
3. 促进学科教与学方式的转变。

(二) 研究内容

1. 学科融合视域下数学学习活动设计的基本建议。

着重从学科核心素养的达成角度出发,提炼并归纳数学学习活动设计的基本策略与方法。

2. 学科融合视域下数学学习活动设计的基本特点。

从全面育人的角度出发,提炼并归纳学科融合视域下,数学学习活动的基本特点,为更好地优化活动设计起到指引作用。

三、研究方法与过程

本研究以案例研究和行动研究相结合的方式,通过"点上探索,特征归纳,面上运用,调整优化"的推进方式,先探讨单学科视域下数学学习活动的设计与优化,提炼一定的意见和建议,再通过试点研究,探寻学科融合视域下的数学学习活动设计。

表 2-1　研究阶段与工作内容

时间	研究工作	主要内容
2020.7—2020.9	文献搜集,完善方案	搜集相关文献,在学习总项目组工作要求的基础上修正并完善学科研究方案
2020.9—2021.1	第一轮实践研究	从数学学科核心素养培育出发,以案例研究为主要形式,归纳数学活动设计的基本经验
2021.2—2021.5	第二轮实践研究	从全面育人角度出发,检验前期数学活动经验提炼的合理性,并补充学科融合视域下数学活动的基本特质
2021.6	经验总结	整理案例,撰写经验总结报告

四、研究结论

(一) 学科融合视域下小学数学学习活动设计与实施的总体思路

学科融合要从理念层面落实到实践,关键还是教师观念以及行为的转变。但是在实际的操作过程中,即使教师对"学科融合"的意义和价值有了足够的认同,回归数学教学之后,数学学科可以和哪些学科融合,以怎样的方式融合,如何与学生数学核心素养的培养相对接等等问题接踵而来。

从普适性的角度去思考活动设计时,我们认为,必须注意三方面的内容。其一,从学生视角出发,关注学生年龄特点和认知规律,关注学生知识、经验、能力基础与差异,关注学生学习兴趣与学习参与性;其二,要注重学科特性的凸显,体现数学学习本质,指向教学重点与难点内容,聚焦学生数学思维与能力发展;其三,要注意以目标为导向,基于教学目标,提升学生的综合素养和能力。只要做到了这三个方面的要求,再来进一步探讨其他学科优质资源的开发、利用和整合,就显得水到渠成。

因此,在实践推进的过程中,我们建议,学科融合视域下的小学数学学习活动设计的实践,需要采用"小步子,慢推进"的策略。在活动设计研究的推进过程中,首先聚焦单学科视域下数学学习活动的设计与优化,主要表现在:第一,关注内容联系,以单元视角结构化地重组内容;第二,转变角色,从学生学习需求的视角出发,设计活动;第三,回归实际生活,设计与生活紧密联系的真实性数学学习活动。随后,再进一步探讨以数学教师为主导的学科融合活动方案设计。

(二)学科融合视域下小学数学学习活动设计的基本建议

需要注意的是,学科融合视域下的活动设计研究,前提是不打破现有分科教学的格局,其本质是发挥各个学科教学的优势,共同促进培养学生核心素养这一目标的达成。因此,在活动设计的过程中,数学教师首先要确保从学科视角出发,活动设计是有效的。随后再去寻找可以与其他学科结合的契机和方式。在设计活动时,我们提出如下的建议:

1. 关注内容联系,以单元视角结构化地重组内容

数学学习活动是落实数学核心素养的重要载体,但在众多的影响因素中,我们认为,教师对数学学科教学本身的认识与理解是首要因素。教师如果能跳出"单课时"的束缚,将零碎的知识通过再加工后,形成新的结构化系统,并能转化为有效的活动,必然能更好地促进学生在活动的体验过程中,在充分积累活动经验的同时,体会到数学知识之间的关联,串联起数学思想方法的学习脉络,使得知识学习更有力量。

从实践操作的便捷性出发，建议以单元为视角结构化地重组内容。这里所指的单元视角包含两个不同的层次，其一是指以单册教材中的自然单元为视角；其二是指以小学段的全册教材为着眼点，围绕相同的学习主题而形成的有密切关联的学习单元，即自成系统的学习单元。

➤ **以单册教材中的自然单元为线索**

案例1：梯形的认识①

《梯形》是五年级第一学期第五单元《几何小实践》的内容。原教材中，本单元是按图形顺序依次进行教学（见图2-1）。

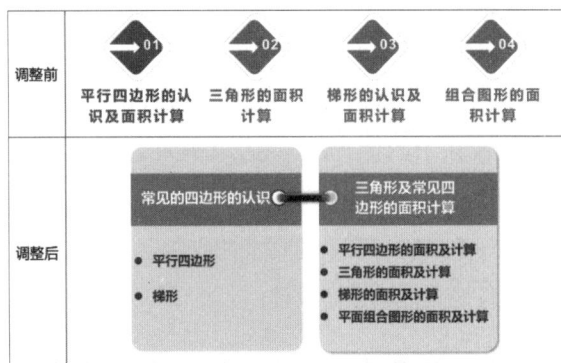

图2-1 《梯形》单元教学顺序表

然而，从图形的认识方式上来看，学生都是通过将两条色带交叠成四边形的活动展开。同构的活动情境便于学生在比较与联想中更好地掌握图形的概念，并在概念之间建立起联系。此外，在图形面积计算方法的探索上，都是借助将未知图形转化成已知图形从而推导出面积的计算公式。因此，将平面图形的面积计算集中在一起教学，有利于学生在不断的知识应用中获得知识的巩固与能力的迁移。

➤ **以学习主题为线索**

案例2：周长与面积②

《周长与面积》是三年级第二学期第七单元《整理与提高》中的内容。虽然在自然

---

① 案例提供者：陈力辰（上海市大宁国际小学）.
② 案例提供者：洪翔（上海市大宁国际小学）.

单元内,与它密切联系的内容只有《数学广场——谁围出的面积最大》,但小学段有关长方形、正方形的周长和面积的学习,还分散在另外两个学期。因此,根据共同的研究主题《长方形和正方形》,我们设计了大观念下的学习单元(见图2-2)。

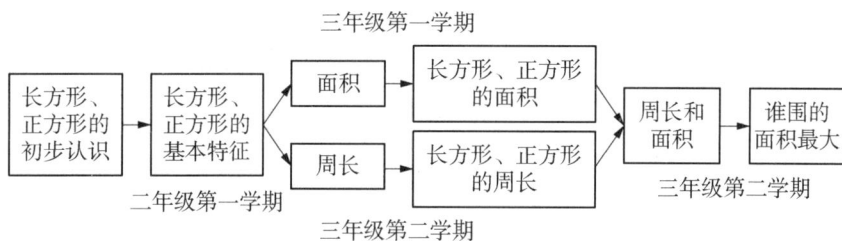

三年级第一学期

长方形、正方形的初步认识 → 长方形、正方形的基本特征 → 面积 → 长方形、正方形的面积 → 周长和面积 → 谁围的面积最大

长方形、正方形的基本特征 → 周长 → 长方形、正方形的周长

二年级第一学期 三年级第二学期 三年级第二学期

图2-2　重组后的《长方形和正方形》单元教学顺序

值得注意的是,正方形和长方形本身存在包含关系,二者最本质的区别是由边的特征所引发的,要让学生透过面积计算和周长计算的基本公式,去主动发现相同点和不同点,可能性较小。为了帮助学生突破上述的学习难点,设计了如下的活动任务(见表2-1)。

表2-2　《周长与面积》的任务设计

	任务一	任务二	学习要点分析
任务表述	长方形的面积是36平方分米,长是18分米,求它的周长。	长方形的周长是26米,宽是3米。求它的面积。	1. 学生自己领悟对于长方形而言,周长一定时,面积不一定相等;面积一定时,周长不一定相等。 2. 学生领悟到,求周长和面积,起关键影响作用的,还是每条边的长度。
任务目标	1. 学生掌握知道面积求周长的方法。 2. 学生能够体会知道面积求周长的核心要义是找到长和宽分别是多少。 3. 学生能够发现长方形面积相同时,周长不一定相等。	1. 学生掌握知道周长求面积的方法。 2. 学生能够体会知道周长求面积的核心要义是找到长和宽分别是多少。 3. 学生能够发现长方形周长相同时,面积不一定相等。	

像上述案例呈现的那样,当教师从单元的视角去审视课时教学的意义和价值时,

他们已经能有意识地跳出细节,从整体上分析思考数学学科教学活动。而正是这种用整体性认识指导具体内容教学的实践,能引导教师主动构建课时内容之间的联系性、系统性和整体性——例如:相同的知识获取方式,相同的数学思想方法,影响问题解决的关键要素等等。这样一来,教师一方面不太容易陷入"就知识而教学、就活动而活动"的局面,更重要的是,结构化的教学更有利于学生学会"结构性思维"。

2. 转变设计视角,在学生学习需求与数学学习活动之间建立纽带

案例3:两位数被一位数除[①]

《两位数被一位数除》是三年级第一学期第四单元《用一位数除》中的内容之一,该单元是由5个例题组成的(见表2-3),其中,例1先通过创设"分铅笔"的生活情境,"71支铅笔4人平分,每人能分到多少支",鼓励学生在动手操作中理解"两位数除以一位数"的横式算理,再将竖式计算在同一例题中引入,通过与横式对比,使学生理解横式与竖式的联系,并感受竖式的简洁。考虑到前测中,部分学生会用竖式进行计算。结合学情,并考虑到例1的重点是算理的理解,将横式与竖式同时出现的优势是让学生能充分建立联系。因此,活动设计时,直接利用学生的资源探讨两种计算的算理,建立横向联系,加深理解。

表2-3 《两位数被一位数除》教材教学序列

	例题	教学内容	课时
例1	71÷4(教材第34页)	横式计算	1
	71÷4(教材第35页)	竖式计算	
例2	28÷9(教材第35页)	竖式计算	1
例3	93÷4(教材第36页)		1
例4	61÷3(教材第37页)		1
例5	94÷4(教材第38页)	除法的验算	1

需要注意的是,在活动设计的过程中,教师将情境任务中的数据做了调整(见图2-3),将71改成了68。原例题71÷4,被除数个位上的1除以4不够除,学生不会出

---

① 案例提供者:孙怡青(上海市高安路第一小学).

现先算个位的情况,不利于学生理解除法从高位先除的简洁性。而修改后学生可能出现三种情况:(1)结果正确,计算顺序为从高位算起;(2)结果正确,计算顺序为从个位算起;(3)结果错误,计算顺序为从个位算起,并直接将十位上的余2看做2个一来处理,得到12余2的结果。这样,通过比较前两种算法就能引导学生发现从高位除起的优越性(计算步骤更少)。通过情况3引导学生进一步理解算理、掌握算法。

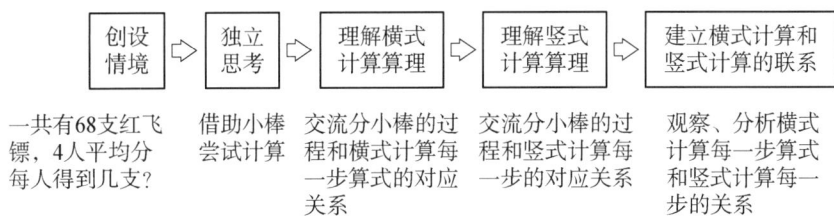

创设情境	独立思考	理解横式计算算理	理解竖式计算算理	建立横式计算和竖式计算的联系
一共有68支红飞镖,4人平均分每人得到几支?	借助小棒尝试计算	交流分小棒的过程和横式计算每一步算式的对应关系	交流分小棒的过程和竖式计算每一步的对应关系	观察、分析横式计算每一步算式和竖式计算每一步的关系

图2-3 调整后的教学流程

我们常说,学生是学习的主体,教师只是学生学习的组织者、支持者和引导者。要充分发挥学生的主体性作用,在活动设计的过程中,对于学生学习过程中可能存在的问题予以充分的预设,甚至像案例中呈现的那样,以学生容易出现困难作为任务设计的起点,这对于更好地激发并维持学生的注意力、学习的积极性等能起到积极的促进作用。

3. 回归实际生活,建立数学学习与真实问题解决之间的紧密联系

案例4:折线统计图的认识①

这是一节四年级的数学课,在初步认识了折线统计图后,同学们围绕运动会短绳参赛人选进行了热烈的讨论。

师:这是班级预选赛中四位同学1分钟跳绳的情况(见表2-4),刚才乐乐、媛媛都建议用条形统计图来反映这4位同学的跳绳成绩,谁还想补充?

表2-4 四位同学1分钟跳绳情况

	丁丁	小亚	小巧	小胖
跳绳(个)	84	101	102	91

① 案例提供者:林静(上海市大宁国际小学).

小贝：我也同意，条形统计图可以通过直条的高低直接反应数据的大小，很直观。

师：是呀，如果选一位同学代表班级参加学校跳绳比赛，你们会选谁？

楠楠：当然是小巧，她跳得个数最多。

东东：可是小亚只比小巧少一个，也跳得不少。我觉得小亚也是可以的。

小亚1分钟跳绳数量(个)　　　　　小巧1分钟跳绳数量(个)

第一次	第二次	第三次	第四次
101	103	107	110

第一次	第二次	第三次	第四次
102	90	100	95

图 2-4　小亚、小巧成绩统计

倩倩：再比几次，看看谁跳得更多，比较合适。

师：既然大家都希望两人再比几次，我们就让他们再各跳四次（见图 2-4），现在，你们打算选择哪种统计图？又该选择哪位学生作为代表呢？说说你的理由。

明明：用折线统计图，可以反映这些同学跳绳的水平趋势。

洋洋：我发现，虽然第一次小亚跳得比小巧少，但是他4次比赛中，一次比一次跳得多，表现越来越好，小巧的跳绳个数却是忽上忽下，因此，我建议让小亚参加。

数学源于生活又服务于生活，要让学生理解数学学习的意义和价值，关键是在活动设计的过程中，让每个学生有形成共鸣的时空。像案例中所呈现的那样，教师活动的设计起点是统计在生活中的意义和价值，在巧妙的活动推进过程中，学生在真实性的问题解决过程中，持续不断地进行思考，不断地感悟。

4. 融合学科优势，在全面育人思想指导下回归教育价值

我们认为，学科融合视域下的小学数学学习活动设计，首先必须要突显数学的学科性，在此基础上，结合其他学科教学的优势，形成共同育人的态势。因此，优势互补、形成合力是关键。

案例5：探秘轴对称图形①

_____

① 案例提供者：黄丽娟(上海市大宁国际小学).

联动学科	数学、科学、美术	适用年级	小学中年级

活动目标：
- 通过思考、交流、辨析等活动逐步认识轴对称图形，知道轴对称的含义。
- 在实践操作中发现并认识轴对称图形中的对称轴，并能正确画出对称轴。
- 寻找生活中的轴对称图形，感悟对称的文化魅力与实用价值。
- 尝试创作一个轴对称图形。

活动推进流程：

数学课 → 美术课 → 科学课 → 假日小队

学生学习认识轴对称图形和对称轴，知道轴对称的含义并正确画出对称轴	学生欣赏古代建筑、手工、绘画作品中体现对称美的轴对称图形，尝试剪出一个轴对称图形	学生认识蝴蝶、蜻蜓、甲虫的基本结构，探秘这类动物左右对称的实用价值	合作设计一个含有"对称"元素的作品，并制作一份关于轴对称图形的小报

在以往的《轴对称图形》教学中，数学教师也会通过大量的生活中轴对称图形的引入，帮助学生深化对轴对称图形的基本认识，但是教师更多的是习惯于引导学生在图形的辨析中加深对轴对称图形概念的理解，找到轴对称图形的对称轴。虽然在教学目标的设定中会提及引导学生感受对称之美，感受对称在实际生活中的意义和价值，但实际的课堂实施中，这些教学目标更多的是隐性目标，难以被检测到，往往形同虚设。

在全面育人的价值引领下，我们认为，对称美的感受、对称的意义和价值的体悟可能比学生掌握相关的概念更重要。然而，数学教师或许在这些方面并不擅长。因此，联动在这方面更具有优势的美术学科、科学学科，共同以"轴对称"为主题，挖掘教材中可以联合的教学内容，通过不同的学科视角，让学生经历"认识对称之形—感受对称之实—发现对称之美—探索对称之理—体会对称之用"的过程就显得更有意义。

这种改变，在拉长学生对"轴对称图形"研究周期的同时，更是丰富了学生可以探索的学习资源。学生从对平面图形的关注扩展到了对身边、对生活的关注,从对"轴对称图形"的单一关注延伸到了对"对称图形""对称现象"的探索,充分体会到学习的乐趣和价值。

(三) 学科融合视域下小学数学学习活动的基本特质

虽然我们的实践尚处在摸索阶段,但关于学科融合视域下,小学数学学习活动的特质,有两点感触颇深。

1. 活动需要体现"数学性"

我们是在分科教学的基础上,以学科融合为载体,追求学科育人的高境界。因此,数学元素、学科价值的凸显尤为重要。对于数学教师而言,对学生数学思想方法的渗透与培育,对批判性思考、求真务实等理性精神的培育等等,需要在活动设计时予以重点考虑。

2. 活动尽可能地要体现"整体性"

学科融合视域下的数学学习活动,可能虽然仍旧由数学教师发布任务,但是由于有其他学科的融合介入,对活动的整体架构、组织推进、跟进反馈等等,就需要有全局的设计。因此我们建议,所有的设计尽可能要有完整的过程,最好包括动员环节,让学生产生需求;放大实践操作体验的过程,充分调动学生的积极性和自主性;突出反思交流环节,促进学生在回顾和分享中进一步提高认识。需要特别注意的是,教师必须对整个活动的回顾与反思予以高度的重视,其内容可以是引导学生回顾学习活动的基本路径和历程,也可以是思考学生在这个过程中的成长。其中,不仅要包括学生知识、能力层面的获得,学生突出的行为表现(如:积极的情感体验,坚持不懈的追求等等)也需要得到教师的关注和肯定。必要的时候,教师要提供学生一定的记录工具,帮助学生更好地进行自我反思。这也是从学生的角度出发,来说明活动效益的重要证据。

五、思考与展望

近些年来,关于学科融合的研究已经成为教育教学领域中的热点,本研究也以小学数学学习活动设计为抓手予以推进。但迄今,我们的实践研究仍更多停留在应然的层面来谈活动设计的基本建议,且更多的实践只是点上的探索。后续,在不断积累案例的基础上,我们一方面需要对现有的结论和发现做补充、修正和完善,另一方面,也是更为重要的是,要不断归纳和提炼实际操作的策略和方法,并就实践操作中可能遇到的具体问题,如活动设计的支架研究、活动的评价伴随等做更加深入的探究。

参考文献

[1] 教育部关于印发《基础教育课程改革纲要(试行)》的通知[S].中华人民共和国教育部,2001-06-08.

[2] 教育部关于全面深化课程改革落实立德树人根本任务的意见[S].中华人民共和国教育部,2014-04-08.

[3] 中共中央国务院关于深化教育教学改革全面提高义务教育质量的意见[S].中华人民共和国教育部,2019-06-23.

[4] 梁芳.学科融合在初中数学教学中的运用[J].基础教育论坛,2021(12):76-77.

[5] 马萍,王尧,顿继安.学科融合:数学建模活动资源开发的一个视角——以"种群数量变化研究"为例[J].数学通报,2021,60(3):43-48.

[6] 吴勇.学科融合提升高中学生数学抽象素养的实践与思考[J].新课程导学,2020(28):73-74.

[7] 林雪媛."深度融合"理念下的初中数学教学设计研究[D].广州:广东技术师范大学,2019.

[8] 郑丙沛.高中地理与多学科交叉融合教学研究——以物理、数学、美术为例[D].贵阳:贵州师范大学,2016.

一、案例背景

1. 案例学段：小学五年级。

2. 案例描述：《出租车费中的数学问题》是结合课本"小数应用——水、电、天然气的费用"一课所设计的数学综合实践活动。主要通过学生身边真实的数学问题，以研究出租车付费问题为主线开展讨论，为探求问题解决的策略、复杂情境下的四则运算、收集运用信息、关注现实社会等提供了真实的、具体的活动情境。

活动采用小组合作的方式，查阅相关资料，了解上海市出租车收费标准；学会使用地图工具，查询出行路线及里程数；结合小数四则运算，对不同叫车方案车费的比较，确定最优方案。该活动任务引领学生会用、善用数学的眼光去看待真实的生活问题，经历数学抽象的过程，提升问题解决的能力，激发数学学习的兴趣。活动旨在培养学生如何对真实问题进行策略优化，同时提倡绿色出行。

二、案例主体

〰〰〰〰〰〰〰〰〰〰〰〰〰〰〰〰〰〰〰〰〰〰〰〰〰〰〰〰〰〰〰〰〰〰〰〰

出租车费中的数学问题

周五下午，小军和爸爸要去闵行体育馆参加亲子运动会。（小军的学校和爸爸的

---

① 执笔人：吴卫群、刘慧(上海市大宁国际小学)，章敏(上海市教育委员会教学研究室).

工作单位信息均在图 2-5 的材料中）

图 2-5　提供学生的任务信息

（一）任务一：开展调查，收集信息

出行前，小军想预算一下坐出租车的费用，请同学们一起来帮忙！

想一想，要预算车费，需要知道哪些数学信息呢？请同学们小组合作，查找资料、收集信息并整理呈现。

我们通过_____得到如下数学信息：

【设计说明】数学教学要关注学生生活经验的差异，有时感觉数学"近在咫尺"，但又仿佛"远在天边"，其原因就是学生缺乏生活经验。随着私家车、网约车的不断增加，班级里有一些学生可能连一次出租车都没坐过，只在马路上见过，经验的缺乏直接影响着活动的效果。

学生可通过小组合作，上网查找、观察出租车发票或利用地图工具等查找到计算车费所需要的数学信息。信息收集的展现形式不提供统一的模板，教师组织学生开展交流与评议,有利于体现思维的不同层次,发现图表的简洁,学会学习。

评价关注点:收集信息包括"行驶的里程数、上海市出租车现行收费标准";能用简洁的形式整理所需要的数学信息。

(二) 任务二:规划行程,确定方案

1. 学生独立设计叫车方案,并计算相应车费(不计等待时间)。

2. 组内交流。结合各自对任务的理解,介绍形成的方案。

3. 若有不同的方案,进行比较,并从中找出费用最少的方案。

4. 联系生活实际,了解实际车费中还包括哪些因素。

【设计说明】应用小数连乘、乘加、乘减,列式解决较复杂的生活实际问题,提高问题解决的灵活性。学生经历独立思考、组内交流的过程,从多个维度思考,找到最优的叫车方案并给出自己的理解。

在通过里程数计算出租车车费之后,再次引导学生联系生活实际,了解形成实际车费包括的因素。此时学生前期查找到的出租车车费发票或收费标准等可再次发挥作用(如单价随着不同的里程数变化)。此外,车费发票与出租车收费标准中都有"等候"一项,结合生活经验学生能理解"等候",遇堵车、遇红灯多,等候的时间就长,出租车每等候 5 分钟按行驶 1 公里来计费。实际车费不仅与行驶的里程数有关,还与实际路况引起的等候时间有关。鉴于路况的复杂性,这个实际情况可供学生了解,在本活动中共同约定不计等候时间。

评价关注点:能分类讨论、分段计算出租车车费;能结合实际设计叫车方案,通过车费比较,形成问题解决策略的比较和优化;能结合实际有理有据开展分析。

(三) 任务三:提升认识,归纳发现

亲子体育比赛之后,小军和爸爸打算回家了,家就在小军学校附近。(见图 2-6)

> 小军,妈妈正好下班了,我们一起回家吧!妈妈在地铁莲花路站等你!

图 2-6　提供学生的任务信息

1. 再次上网查找信息,独立设计完成小军回家的路线并计算一家三口所需的交通费。

> 回家路线:
>
> 共需共费:

2. 出租车到底行驶到多少里程时,才会叫两辆车更便宜? 小组讨论,可举例计算说明(公里数取整数)。

【设计说明】设计回家路线,学生共有三种方案:出租车直达、出租车＋地铁、全程公交。引导学生在方案设计过程中形成绿色出行、节能环保的意识。

"行驶多少里程时,才会叫两辆车更便宜",考虑到学生的知识基础及认知水平,此问题仅限于用枚举后计算来说明。

学习重在归纳,通过生生之间的合作与讨论,促使问题的研究走向深度,让学生对于出租车车费的计算问题有了进一步的认识,以不变应万变,将学习的发现推广运用到更多实际问题的解决之中。

评价关注点:能再次上网收集与筛选相关数学信息,设计回家路线并计算交通费用;会利用分类讨论、分段计算的方法,用枚举后的计算结果进行车费的比较,知道当行驶路线较长时(达到或超过 16 公里),叫两辆车更便宜;有节能环保、绿色出行的意识。

(四) 任务四:交流体会,学科育人

交流:好多人都不清楚出租车车费到底是怎么计算的,参与了活动之后,你们能回答这个问题了吗? 这个活动又给了你们哪些收获?

三、案例反思

生活中的许多实际问题都与数学有关,教师要善于积累这样的素材,并进行适合学生数学学习活动的改编设计。在解决实际问题的过程中,教师需有意识地引导学生发现生活中的数学问题,帮助学生用数学的眼光去看问题,带领学生经历发现问题、提出问题、分析问题、解决问题的过程,丰富数学学习活动经验。在交流反馈中要注意对学生作答的思路、解决问题的策略方法进行指导。

1. 活动素材可源于生活,任务设计促进思考

在本活动方案设计之初,经历了多次活动内容的调整,原因在于:其一,活动情境需要尽量贴近生活原型;其二,活动需要运用数学的知识与方法加以解决,解决的过程是开放的,但需要作出合理的解释。最终选择出租车车费这一生活场景,其原因是出租车车费计算问题真实存在于日常的生活中,在马路上可以从出租车的车身上直接看到出租车的收费标准,上网也容易进行相关查询。这样的生活情境拉近了学生与数学的距离,经历这样的活动可以让学生感受数学不再是"纸上谈兵",它源自生活,服务于生活。

在解决这个问题的过程中,需针对不同情境,根据不同的要求进行分类讨论。分类讨论的数学思想方法在小学阶段用得不多,但是随着问题的复杂,在今后的代数与几何学习中它都是常见且重要的思想方法。本题涉及的是里程范围所对应的计价方式是不同的,因此需要先分类,再根据不同的规则进行列式计算,这样的解题思路其实与将里程数看作自变量,得出车费的函数关系如出一辙。因此像这样,在实际问题的解决中让学生经历"主动根据题意进行分类讨论"的体验,对今后的学习是有裨益的。

在计算车费的任务中,学生通过文字、图示等将里程数分为三段:起步价阶段(不超过 3 公里)、超出 3 公里但不超过 10 公里阶段、超出 10 公里阶段,找到每段对应的里程数单价,计算车费。(见图 2-7)

在车费计算过程中,有学生自然想到,第三阶段的单价高,会不会当行驶的里程很长时,分段叫两辆出租车会更便宜? 学生同样也会发现,起步阶段的单价其实是这三阶段中最高的,所以当行驶的里程较短时,分段两辆车的方案没有优势。学生经历观

察、分析、猜测和计算等活动，不断比较并形成解决方案，活动创设了综合运用知识解决问题的机会，提高了学生解决实际问题的能力。活动内容可源于生活，任务设计促进思考。

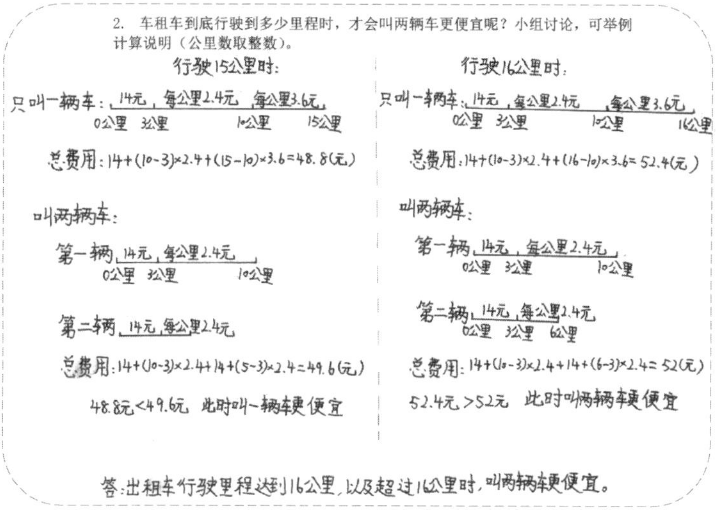
2. 车租车到底行驶到多少里程时，才会叫两辆车更便宜呢？小组讨论，可举例计算说明（公里数取整数）。

行驶15公里时：

只叫一辆车：14元，每公里2.4元，每公里3.6元
0公里 3公里 10公里 15公里

总费用：14+(10-3)×2.4+(15-10)×3.6=48.8(元)

叫两辆车：

第一辆 14元，每公里2.4元
0公里 3公里 10公里

第二辆 14元，每公里2.4元

总费用：14+(10-3)×2.4+14+(5-3)×2.4=49.6(元)

48.8元<49.6元 此时叫一辆车更便宜

行驶16公里时：

只叫一辆车：14元，每公里2.4元，每公里3.6元
0公里 3公里 10公里 16公里

总费用：14+(10-3)×2.4+(16-10)×3.6=52.4(元)

叫两辆车：

第一辆 14元，每公里2.4元
0公里 3公里 10公里

第二辆 14元，每公里2.4元
0公里 3公里 6公里

总费用：14+(10-3)×2.4+14+(6-3)×2.4=52(元)

52.4元>52元 此时叫两辆车更便宜

答：出租车行驶里程达到16公里，以及超过16公里时，叫两辆车更便宜。

图 2－7 计算出租车车费(学生作品)

2. *活动探究可适度开放，策略形成需合乎逻辑*

整个活动设计较为开放，无标准答案，旨在鼓励学生积极思考。例如任务一，收集与整理计算出租车车费所需要的数学信息。在最初的设计方案中，设计了下面的两张表格(见图 2－8)，学生只要网上查找信息填入即可。但是经过讨论，我们发现，使用表格的优点是方便填写，而学生整理、筛选信息并用简洁、清晰的方式呈现的培养目标就无法落实。开放的任务要求更能促进学生主动思考。

出发地与目的地	里程数(公里)
小军学校→东华大学	
东华大学→闵行体育馆	
我用________工具进行查看	

收费项目	日间收费标准
0—3 公里(含 3 公里)	
3—10 公里(含 10 公里)	
10 公里以上	

图 2－8 修改前的设计方案

因此,我们开放任务要求,不拘泥于信息呈现的形式,学生会将收集到的数学信息用文字、图示或表格等各种形式进行整理,通过分享交流,让学生发现画图、列表等方式的呈现更佳。(见图2-9)

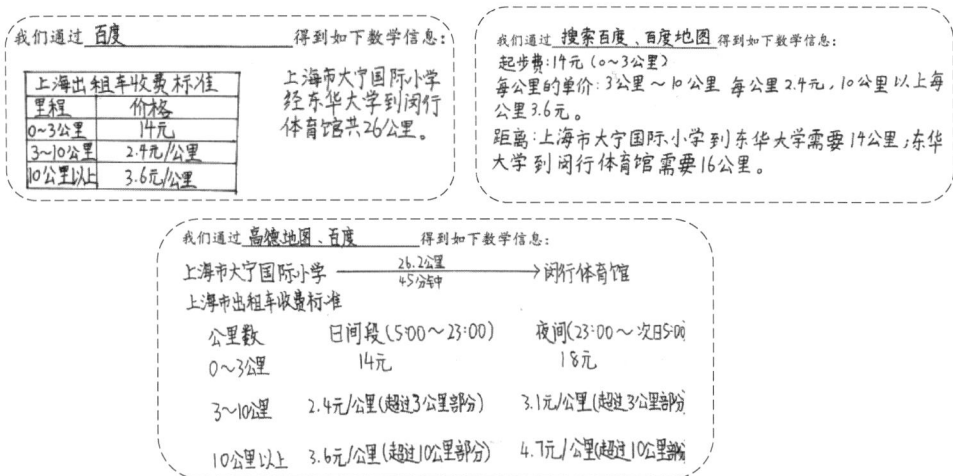

我们通过 **百度** 得到如下数学信息:

上海出租车收费标准	
里程	价格
0~3公里	14元
3~10公里	2.4元/公里
10公里以上	3.6元/公里

上海市大宁国际小学经东华大学到闵行体育馆共26公里。

我们通过 **搜索百度、百度地图** 得到如下数学信息:
起步费:14元(0~3公里)
每公里的单价:3公里~10公里 每公里2.4元,10公里以上每公里3.6元。
距离:上海市大宁国际小学到东华大学需要14公里;东华大学到闵行体育馆需要16公里。

我们通过 **高德地图、百度** 得到如下数学信息:
上海市大宁国际小学 ——26.2公里 / 45分钟——→ 闵行体育馆
上海市出租车收费标准

公里数	日间段(5:00~23:00)	夜间(23:00~次日5:00)
0~3公里	14元	18元
3~10公里	2.4元/公里(超过3公里部分)	3.1元/公里(超过3公里部分)
10公里以上	3.6元/公里(超过10公里部分)	4.7元/公里(超过10公里部分)

图2-9 修改后的设计方案(学生作品)

除了呈现方式的开放,问题解决的方案也可以开放,如任务三,要求学生设计小军和爸爸先与妈妈汇合,然后一起回家的路线,并计算一家三口所需交通费。回家的场景不再有时间限制,因此规划路线、方式更为多样,可以选择公交、地铁、出租车、甚至搭配组合不同交通方式。

该环节引导学生用辩证的思想来看待问题,具体问题具体分析,比如基于最经济原则的交通方式设计、基于环保思想为第一考虑的交通方式设计,亦或是基于出行舒适度的交通方式设计等等。开放的任务要求,打开了学生思考的空间,有利于学生创造性和个性的发展。(见图2-10)

3. 活动价值可适度丰富,学科融合关注社会

出租车的计费问题是一个较为复杂情境下的问题解决,它的计费随着里程数、时间段等的不同,有着随之变化的计算方式,这本身就是一个值得探究的问题。此外该活动不仅限于坐出租车这一种交通方式,还与两地之间选择不同的交通工具有关,使得影响车费的因素更多,方案的选择多样,而最后对于方案的评价并不设置唯一标准

答案,选择的方案能达成预先设定的目标就好,关键要能有条理地解释清楚,逻辑自洽就好。这个活动留给学生开放的思考空间,学生可以从车费经济性角度出发,从出行的舒适度、时间等不同因素出发,给出自己的方案,更可以从低碳环保的角度,给出自己的方案。

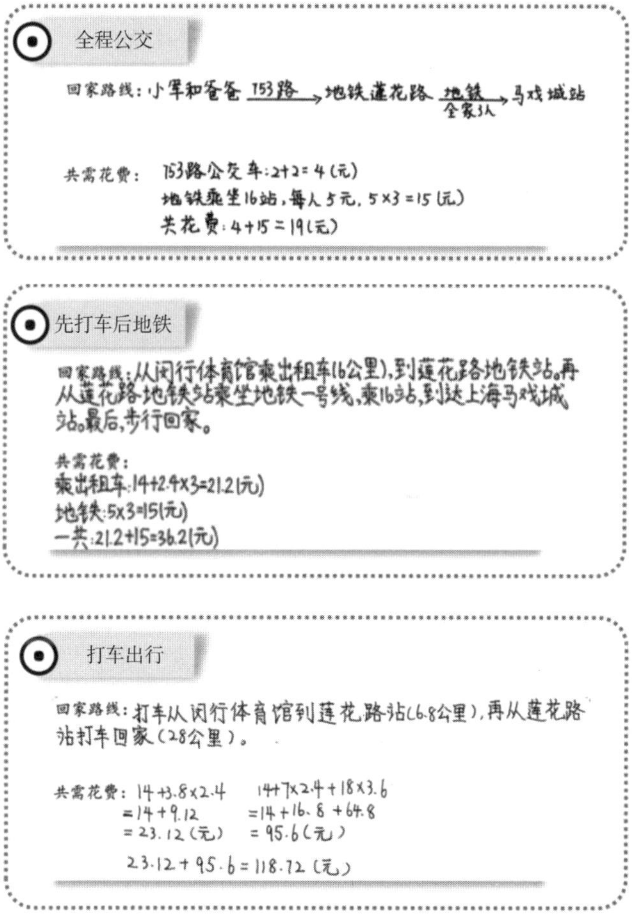

图 2 - 10　学生设计的不同交通方式

活动后,我们汇总学生的设计,组织学生相互点评,并说说自己参与整个活动的感受。在这个过程中,学生们的感触是丰富的,有的学生从生活知识的丰富角度谈了自己的收获,有的甚至谈到了从低碳环保的角度出发,要提倡绿色出行,体现了社会责任的萌芽。

生1：参与这个活动让我了解了很多关于出租车计费的知识，能读懂出租车发票。

生2：我会根据里程数分段计算上海市出租车车费，整个里程中最多可以分为三段收费，起步价阶段、超出3公里又不超过10公里阶段、超出10公里阶段。

生3：我知道不同的时间段出租车的收费不同，夜间坐出租车都要加价。

生4：我本以为，坐出租车，越远单价越便宜。通过这次活动，我知道了超长公里行驶要加价，是因为行驶里程远，可能会造成空车返回的现象，加价也是作为一种补贴驾驶员的手段，夜间行驶也一样。

生5：通过上网查找资料，我知道出租车的收费并不是出租车公司说了算的，像出租车车费、水电煤收费、高速公路收费等，都要召开价格听证会，体现老百姓的知情权。

生6：参与活动我发现数学有用，通过计算能帮我们找到便宜的叫车方案，当里程达到16公里之后，叫两辆车更便宜。

生7：平时我出门都是爸爸妈妈开车，但是通过这次活动，我觉得坐地铁出行，也是非常方便的，到哪里几乎都有地铁，而且还不会堵车。我以后出行，可以的话，尽量会建议爸爸妈妈和我一起坐地铁出行。

生8：地铁是电动的，和烧燃油、烧天然气的出租车相比，节能环保。我也会尽量选择地铁。

······

"出租车费中的数学问题"这一活动，源于生活实际，和人们生活中的"行"息息相关。本活动在给予学生生动具体的体验的同时，一方面希望学生建立数学与生活的联系，让学生思考数学在生活实践中的作用以及生活中无处不在的数学；更重要的是，我们希望让学生能自觉地用数学的眼光来观察世界，主动运用数学思维来解决实际问题，润物无痕细无声，将数学学习的意义和价值融入学生的生活经历中。

小学美术学科基于问题解决的
学科融合活动设计与实践

项 目 主 持　徐　敏

项目实验校　华东师范大学附属紫竹小学

项 目 组 长　张计蕾

项目组核心成员（按姓氏拼音排序）：

　　　　　　龚艳辉　金诗雨　秦　涛　沈雯珺　徐思渊

　　　　　　杨为攀　张计蕾

第一部分　研究报告①

一、研究背景综述

（一）政策引领

2019 年 6 月，中共中央国务院《关于深化教育教学改革全面提高义务教育质量的意见》颁布，提出要优化教学方式，运用传统与现代技术手段，重视情境教学；探索基于学科的课程综合化教学，开展研究型、项目化、合作式学习。

（二）项目驱动

随着课改的深化，遵循教育规律，增强学生的综合素质教育为课堂教学带来了新的挑战，2020 年上海市教委教研室启动了小学段"教与学方式变革"实践研究。美术学科聚力从教学反思中发现的问题着手，分析问题形成的原因，以问题解决为切入点，开展教与学方式的改进研究。

（三）研究突破

本项目研究基于解决教学问题的需要，打破学科界限，借助其他学科的知识和能力，完善教学内容结构；借助各类资源设计学习活动，丰富教与学方式。这种将学科间知识和能力融通，在活动中加强体验与实践的做法，不仅可以促使美术学科教学目标更好达成，提升学生美术学科能力，更有利于帮助学生养成面对学习问题，综合运用所

---

① 执笔人：徐敏（上海市教育委员会教学研究室），沈雯珺、金诗雨（华东师范大学附属紫竹小学）.

掌握的各学科知识和能力来完成学习任务的意识和习惯,也为学生解决今后学习、生活中的问题形成可持续发展的能力。

(四) 实践内需

近年来,教师在《中小学美术单元教学设计指南》的指导下初步形成了单元教学的意识,对单元主旨引导下的单元教学设计与实践积累了一些经验。但老师们在设计教学活动时普遍存在一些问题:一是在内容组织方面一般聚焦本学科知识与技能;活动形式以教室内的教师引导为主;教学资源以教师提供的学习资源为主。相对而言,学科融合的意识、利用学习过程中生成性资源的意识,以及设计走出课堂学习活动的意识较缺乏;二是近年来,在各级教研活动中都努力探讨对学生创意思维培养与创意性表现方法的探索,也取得了一些有益的经验,但学生的个性化、创意性表达能力培养仍待加强;三是学生的美术创作模仿教师示范的现象在减少,但中、高年级学生的主题创作存在一定困难,他们在日常生活中积累美术学习素材的意识不强,运用素材进行创作的能力有待加强。

二、研究目标与内容

(一) 研究目标

通过研究与实践,使学科教育走向更加开放、多元。本项目研究旨在基于当前美术教学主题创作中存在的问题,创设主题式的学习情境,创造开放式的学习空间,从内容、方式、资源等角度探索学科融合的教学实践,来促进学生的创意实践能力培育以及综合能力的形成。

(二) 研究内容

项目组学习了《上海市中小学美术课程标准(征求意见稿)》《中小学美术单元教学设计指南》《新版课程标准解析与指导(美术)》《全球视野下的中小学美术教育》等资

料,基于美术教学中的现状问题,从内容的把握、活动的组织和资源的利用等方面归纳出以下一些研究内容。

1. 明确学科融合的目的意义

学科融合已成为教育的一种趋势,但学科融合不是为"融"而"融",而是为更加有效、综合的育人服务,使学科教学能超越单一学科的育人价值,指向促进全面发展的教育。

2. 把握学科融合的内容关联

探讨学科间可融的交汇点。学科融合并不是多门学科知识、技能的简单堆砌,而是根据教学目标与学习需要,挖掘关联度大、共通性强、学生已知的其他学科内容或具备的其他学科能力进行融合,补充关联内容,完善教学内容结构。

3. 探索学科融合的活动方式

在活动形式上,需要通过情境的创设、任务的设计来优化融合的活动方式,开发、利用各类资源,为学生创造自然的自主探究、合作共赢的学习空间,来促进学生的学习理解,提高学科的教育价值,使学生在活动中形成综合能力成为可能。

三、研究方法与过程

(一) 研究方法

1. 文献法

通过查阅"问题解决""学科融合"的相关文献资料与网络资料,了解其当前研究的最新动态与成果,为本文的研究提供文献依据与指导参考。

2. 调查法

通过对项目学校中、高年级学生与所在区部分美术教师的问卷调查,了解学校美术教学的现状及所存在的问题,为项目研究提供事实依据。

3. 实验法

分析问题的成因,项目组所在学校开展基于问题解决的学科融合实验教学,取得了初步成效,为本文的研究提供了实证案例。

(二)研究过程

项目组按照发现问题——分析问题——设计对策——教学实验——解决问题——提炼经验的思路,展开为期一学年的实践研究。研究前期组织研讨会议,设计调查问卷分析学科教学现状问题及形成原因,讨论解决问题的策略方法。随后组织活动小组实施课例实践,根据"单元教学指南"设计教学活动的主要框架,最后在实践教学中反思改进,提炼形成实践经验。

四、研究结论

本项目研究以美术学科常见的主题创作活动为主要研究内容(参见图 2-11),探索学科融合活动设计在主题理解、素材搜集、构思设计和创意表现等创作过程中的主要环节,形成以下结论。

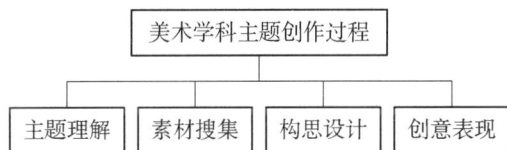

图 2-11　美术学科主题创作的一般过程

(一)促进教师形成学科融合解决教学问题的意识

在日常教学中,教师善于反思教学设计预期目标和教学实际达成之间的差距问题,大多数老师会从"怎么教"进行反思调整,习惯从本学科知识技能为主的学习内容和学习方式来调整任务难易程度以提高目标达成度。随着核心素养下美术教育实践的推进,我们越来越关注知识技能以外的学生能力培养,在解决课堂教学呈现出的问题时,更侧重以学生立场"怎么学"进行思考与改进,并从学生综合素质培养角度让学生"学得更好"。这就对美术教师提出了更高的要求。

首先,教师需要提高理念理解与美术专业水平,开阔文化视野,才能透过问题的现象看本质,这是实现学生在学科融合背景下综合能力全面发展的必要前提。

其次,教师要有学生立场,要了解学生的知识储备情况与能力水平,始终坚持"以学生为中心"的原则。教师不仅要熟悉本学科知识体系,了解学生的学习基础与学习能力,还需要了解学生其他学科的学习情况。这样,才能在发现问题时,结合学生、班级、学校的实际来全面系统地分析成因,根据学生已有的综合知识储备、学习能力等进行整体架构,想办法解决问题。这是实现学生在学科融合背景下综合能力全面发展的必要条件。

总之,教师应以问题解决为任务驱动,在立足本学科育人价值与专业知识的基础上,努力拓宽其他学科的视野,探索美术学科与各学科融合的必要性与可能性,让美术学习成为目标导向下各学科知识与能力相互作用、互为影响的过程,为促进学生形成开放的、立体的知识体系,提升学生的综合素养创造条件。

(二)初步形成学科融合活动设计的基本策略

1. 主题引领的学科融合活动设计

学科融合,需要在主题引导下,根据学生对主题的理解,结合美术学习过程与学习内容的需要,在学习环节中有机融入其他学科的知识与能力,使学习内容与学习活动更符合学生的实际需求,更能帮助学生通过学习活动解决实际问题,完成学习任务。

在本项目研究中,我们以主题画创作教学为例,在主题引领下基于解决学生在学习过程中可能遇到的学习重点或难点,教师筛选为主题理解与创作服务的相关学科知识,来帮助学生理解主题,用美术的方式表现主题内涵。(参见图 2-12)

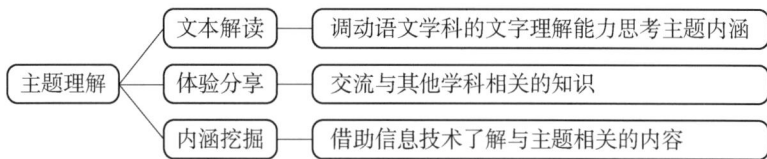

图 2-12 主题理解与学科融合的参考思路

如在《弄堂游戏》主题画创作中,学生关注的内容多为弄堂游戏的形式,如丢沙包、滚铁环等,画面内容比较雷同。通过对问题的分析,我们发现,学生对弄堂游戏的文化背景缺少了解,也不了解游戏背后蕴含着上海传统居住环境中的邻里情感。于是,教师通过了解沪语童谣的活动,设计学生对长辈的采访任务,引导学生在快乐的童谣韵律中,以及长辈小时候弄堂生活的故事中来感受弄堂游戏特殊的文化背景,为创作表现埋下情感与知识的铺垫(见表2-5)。通过实践,学生的画面中多了石库门的弄堂元素,有了服装的年代特点,更有了不同弄堂游戏具有代表性特点的动态形象,表达了对弄堂游戏的文化理解。

表2-5 《弄堂游戏》主题理解

目的	活 动 内 容	学科
理解绘画主题文本含义	童谣引入,理解主题文本的含义,交流画面中主要表现"弄堂游戏"内容	语文
理解绘画主题人文内涵	了解弄堂建筑和生活背景,采访有弄堂生活经验的长辈,通过信息技术再现弄堂游戏情景,感受游戏背后的人文情感	语文 信息技术

2. 任务驱动的学科融合活动设计

建构主义理论强调教学设计和知识结构的网络化思想,倡导改变教学脱离实际情况的情境教学,主张通过各因素的相互作用,促进学生有意义的主动学习。教师应基于内容的需要、方式的优化、资源的利用等,来挖掘其他学科"为我所用"之处。项目组在实践中,基于学生主题创作"雷同"的问题,从素材搜集、构思设计、创意表现等方面创设学科融合的任务情境。

(1)任务驱动,多途径搜集素材

在创作素材搜集方面,以往的教学中多以教师为主提供创作素材,或结合学生已有的生活经验提炼素材,学生缺乏以解决问题、自我需要为目的的主动搜集意识。在项目研究中,基于对主题理解的前提下,我们创设任务情境,组织学生通过真实体验、摄影记录、采访等形式进行素材搜集(参见图2-13),筛选表现主题内涵的情境和任务,引导学生从自己需要的视角形成素材,从而避免创作内容的雷同。

(2)任务驱动,多形式构思呈现

在构思设计方面,以往的教学多以草图形式呈现画面的初步构思,当学生在进行

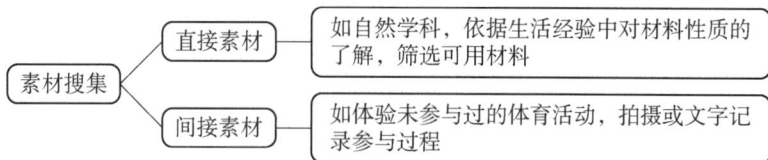

图 2-13　素材搜集与学科融合的参考思路

构思分享时，他们经常会通过语言介绍来补充画面中的具体内容，可见，学生对作品的预期未能通过实际创作进行表现。如何让学生在创作前对表现内容进行充分诠释？项目组利用思维导图引导学生梳理创作的思维路径；通过撰写情景剧本帮助学生整理画面内容……尝试学科融合的形式启发学生进行构思，使学生将主题的理解与搜集的素材建立关联，明确创作主旨，避免创作思路的雷同。

(3) 任务驱动，多样式开展创作

美术创作通过主题理解、素材搜集、构思设计来建构想法，最终需要创意表现的方法来通过作品直观呈现学生的具体意图。项目组根据学生的创作需求，在欣赏中拓宽学生表现构思的方法（参见图 2-14），如借鉴丰子恺作品中图文结合表现主题、多格漫画中分镜头表现情节、利用信息技术组织表现等，从而避免创作方法的雷同。

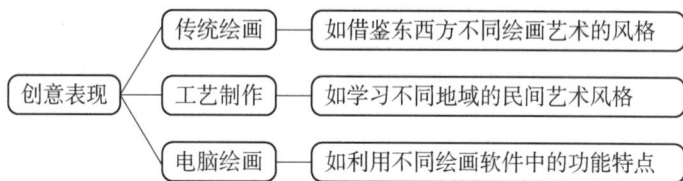

图 2-14　构思设计与学科融合的参考思路

在项目实践中，从原有的以教师为中心搜集素材、示范表现的被动学习方式转变为以学生为中心的体验、感悟、讨论、合作等主动学习方式。老师们拓展美术教学的时间和空间，通过为学生创设真实的情景体验，促使学生从内心焕发对主题内涵、素材内容、构思设计和创意表现的理解，促进对知识的整体建构和创造性运用，提高学生用美术作品表达个人情感的能力。

（三）培养学科融合活动中问题解决的能力

我们发现学科融合的活动设计有助于培养解决现实问题的思维。项目组以美术学科为依托，打破学科的界限，引导学生在开放式的美术学习活动中发现问题，在真实的情境中解决现实的问题，培养学生应对复杂问题的能力和品格。

如在主题画的创作表现中，学生根据主题理解、素材搜集和构思设计后，发现传统的绘画表现方式难以实现故事情节的连续性，为了解决这一问题，他们利用语文的写作能力编写分镜头脚本、利用信息技术下的动画功能来表现构思的过程，利用音乐学习的经验进行后期配音……最终完成了成果表现。

通过基于问题的实践研究，项目组发现学科融合的活动设计，能够使学生在探究问题或任务时，主动勾连不同领域相关知识，通过多种途径去探索解决问题的方法，激发内在的潜力去分析和完成，促进了学生自主行动和高阶思维的发展，有助于培育其核心素养。

五、思考与展望

本项目研究从小学美术教学中常见的主题画创作现状问题解决为例，通过开放的创作情境体验来引导学生体会主题内涵，探索学科融合活动来丰富学生的创作素材与表现方式，以活动为学生创造"持续理解"的学习场，帮助学生建立起知识之间的联系，培养学生问题解决的能力。学科融合活动的设计，通过教学内容、组织方式、资源利用的变化，使美术活动的教与学方式也随之发生变化，这也许会成为"未来的教学'新常态'"。

参考文献

［１］上海市教育委员会教学研究室.中小学美术单元教学设计指南［Ｍ］.北京：人民教育出版社，2018.

［２］胡知凡.核心素养与世界中小学美术课程［Ｍ］.上海：上海教育出版社，2020.

［3］尹少淳.美术教育学新编［M］.北京：高等教育出版社，2009.

第二部分　实践案例①

一、案例背景

主题画是小学美术学科的常见门类之一，在小学美术教材中各个年级几乎都有涉及。主题画创作中学生需要围绕主题选择素材组织表现，创作的开放度相对较大，不同学生针对同一主题会有不同的创意表现内容。在实际教学过程中，学生的构思过程、素材来源、表现效果都尤为重要。根据前期的问卷调查（见附件），结合学校教研组教师日常教学的经验，我们发现了一些常见问题。

（一）主题理解缺乏内涵

对于教师来说，常常会站在成人角度来对主题进行分析与理解，忽略了学生视角下对主题的不同思考角度与内涵理解，学生主要围绕教师提出的绘画主题展开想象。对于小学阶段的学生来说，大部分都还处于语言表达和理解能力的发展阶段，他们对主题文字和内涵的理解还不具备一定的逻辑思维能力。尤其在出现超出理解范围或缺少直观体验经历的主题内容时，学生也缺乏调用其他学科已有知识与能力来综合、全面地理解主题的意识，导致对主题内涵的感受不够。

（二）表现内容趋于雷同

受时间和空间的限制，传统课堂中，学生面对主题往往缺乏体验、感受等直接经验

---

① 执笔人：金诗雨、沈雯珺（华东师范大学附属紫竹小学）.

的素材积累,这影响他们用素材进行美术创作。同时,课堂中也难以实现根据主题当堂搜集创作素材。因此学生往往会有"老师我想画××但不会画怎么办?""老师我可以重画吗?"等问题,一些学生索性直接临摹老师范作和他人作品,缺乏个性化表达。

(三) 表现方式缺乏创意

对于主题画,有的学生会根据单幅画面,通过语言表达的方法来分享自己主题画中的故事,有的则会用多幅画面的方式来阐述故事情节,但往往因为人物、场景需要重复绘画,导致在课堂上完成率不高。其次,单一的绘画形式有时也无法满足学生画面组织的变化、故事情境中角色的情绪表现等,作品的表现方式缺乏创意,画面单一。

基于以上的发现,本案例从"融入哪些学科内容有助于美术学习?""怎样激发学生的主题画创作热情?""怎样解读或理解主题画创作的主题与内容?""怎样解决课堂中素材缺失的问题?""如何帮助学生更有个性创意地进行主题创作表达?"等问题,根据学生喜欢用"故事情景"表现的特点,融合语文、体育、信息等学科,借助"少儿动画创编机"这一信息技术媒介来进行创作表现的实践研究。

二、案例主体

《我眼中的校园330》主题画创作教学案例

一、制定单元目标及教学重难点

2021年2月,《关于进一步做好本市小学生校内课后服务工作的通知》(沪教委基〔2019〕13号)文件下发,各校广泛开展小学生课后服务,社团活动成为我校课后服务的主要内容。结合校园活动,我们以三、四年级作为对象,组成实验小组,并将"我眼中的校园330"作为本次主题画创作表现的主题。

依据"课程标准""教学基本要求"和"单元教学设计指南",初步规划单元,制定以下单元教学目标及教学重难点:

（一）单元教学目标：选择并体验校园活动，收集记录校园活动的内容、形式与收获等素材；选择合适素材，欣赏不同的表现方式，掌握构思绘制的基本方法；在讨论与尝试的过程中，利用"少儿动画创编机"的扫描、剪切、录制等方法，完成主题画创作。

（二）单元教学重点：主题画内容的构思与表现。

（三）单元教学难点：创意表现画面。

二、实施学科融合活动

分解单元目标开展活动设计，明确每个活动的目的，层层递进指向单元目标的达成，设计指向学生解决问题、综合能力培养的学习活动。

表 2-6　活动一：以学科融合的活动任务，促进主题内涵理解

活动目标	了解主题内涵
活动任务	1. 了解"校园330"，交流介绍其中喜欢的课程 2. 选择、体验喜欢的课程，并进行采访，完成学习单 3. 交流学习单内容，分享体验收获
关键问题	1. 在330课程中，你最喜欢什么课程？为什么？ 2. 你想体验哪门课程并用什么方法来采访记录呢？ 3. 你在体验和采访过程中有什么收获？
活动要求	1. 积极参与交流 2. 认真参与体验并记录
学科融合	信息技术：拍摄、录音 语文：文字表达
设计意图	通过交流了解学生对主题的理解程度，在体验感受中丰富学生对故事主题的理解

【教学片段1】

师：同学们，你们知道我们学校330活动中都有哪些课吗？你最喜欢哪一门呢？

生1：有合唱、足球、书法等很多课程。

生2：我和他不一样，我更喜欢书法，通过练习书写，我的硬笔软笔都写得越来越好，已经可以通过比较发现自己进步，我很开心！

生 3：我觉得足球社团更有意思，在场上能抢到球并进球，这是多么令人骄傲的事！

师：如果再给你们机会去体验，你想了解哪一门课程呢？请大家参考采访单，带着目的去体验和观察周围的老师和同学、并且采访记录下你觉得很难忘的画面。（见图 2-15）

生 1：那老师是照着画还是直接文字记录呢？

师：除了这个之外，你觉得怎么样记录会更简洁、清楚又完整呢？

生 1：照着画一定来不及，大家上课时，大部分都是在动的。

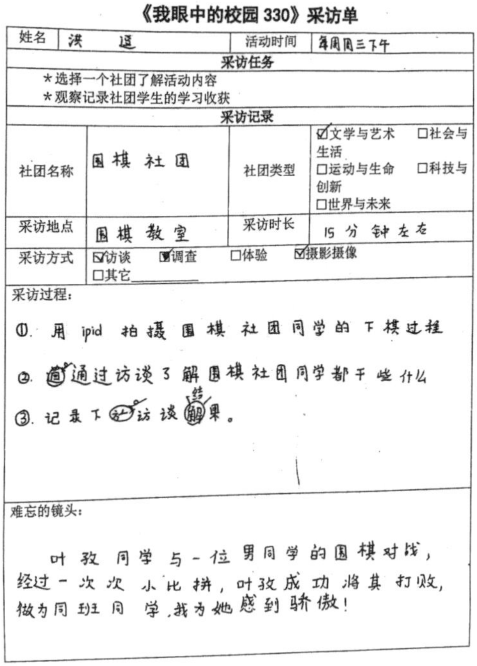

生 2：那老师你来拍照吧？

图 2-15　采访记录单

生 1：我们可以自己拍照吗？还能拍视频，这样就很清楚了。

生 3：是啊，如果我想采访同学，还能录音。

师：好，那试试用平板电脑这样的信息设备来进行记录，注意要记录完整。

对于学校课程的内容，学生们都比较熟悉，但是从体验前的问答可以看出，对于课程的理解，学生都是从"自我"的角度去看待与评判，不能从师生关系、学习意义等方面去理解课程的价值。因此，在本次学习活动中，教师着重引导学生亲身体验，沉浸式感受各种课程的日常开展，并运用摄影、录像等信息技术以及文字的形式，来记录自己当下的发现与感受，奠定后续绘制表达的情感基础。

【教学片段 2】

师：大家都完成学习单啦，我想听听这次体验你们都发现了什么？有什么感受吗？

生 1：我先说，看这些照片。以前我只觉得踢足球，就是很多队员抢一个球，跑来跑去然后踢进球门。经过球场的时候，还会常常听到教练大声地喊着什么，很凶的样子。但是今天我听清了教练的话语，其实是在教同学们一些带球过人、合作进球的方法和诀窍。还看到看起来很凶的教练，其实也会给同学系鞋带。我感觉这样的教练还是很可爱的。（见图2-16、图2-17）

图2-16

图2-17

生2：我也想补充关于足球社团的内容。我在观察的时候发现有些同学会固定站到一些位置上，我很好奇。今天采访了球队的队员，他们告诉我，其实足球队里每个人都是担任不同角色的，有前卫、中锋和后卫，有的是抢断射球门，有的是合作传球，有的是守住自己的球门等等，大家都要完成自己该做的，才能合作取胜。（见图2-18、图2-19）

图2-18

图2-19

比较体验前的师生交流，发现学生们已经通过观察与思考对课程有了渐进的了解。有的学生会着重观察仔细记录，有的会带着问题去采访……不论是什么样的方式,都使学生转变成"小记者"的角色,促进主题理解。在此过程中,离不开学生所具备的信息技术能力、语言表达能力和文字记录能力的支持。

表2-7 活动二:以学科融合的活动形式,丰富表现内容

活动目标	丰富表现内容
活动任务	1. 根据分享,自主合作,确定脚本框架 2. 整理素材,根据框架,再次采集补充 3. 结合素材与框架,撰写脚本
关键问题	1. 你们想表现什么样的主题与内容? 2. 素材是否能表现出主题内涵?
活动要求	1. 积极参与小组讨论 2. 认真参与脚本撰写
学科融合	信息技术:拍照、录像 语文:文字撰写
设计意图	引导学生根据前期的分享,小组确定表现主题与内容框架,在撰写脚本的过程中,机动补充素材,为后续的绘制表现积累丰富的表现内容。

【教学片段3】

师:写完了框架,我们再来看:在体验过程中采集的那么多素材,已经能充分表现出主题内容与内涵了吗?

生1:只有个别素材是和我们小组现在的框架有关系的。

生2:之前体验的时候我们搜集的素材比较杂乱,不同照片有不同的主角。但现在定下来的框架更加具体,所以我们小组的素材也是不够的。

师:那么你们觉得该怎么解决这些问题呢?

生3:老师,可不可以再去拍摄采集一次?

生1:是啊,就是根据我们框架需要的内容再去拍摄一些,更加符合主题的。

生2:我觉得还可以网上搜索类似的素材。

主题画创作中,必不可少的就是素材的积累。素材的丰富性,决定了学生表现内容的丰富性。在活动二中,学生在梳理表现内容的框架过程中发现,体验时搜集的素材比较笼统,而在主题画的具体表现时会更加聚焦其中的具体场面,这就需要更有针

对性的素材来辅助表现。所以,在主题画表现内容的脚本撰写环节中,学生可以通过声音、网络搜索素材等独立或小组合作的方式,反复补充、调整素材,不断建立素材与表现内容间的联系。

【教学片段4】

师:有了框架和素材,接下来该怎么撰写出有故事性和情节性的脚本呢?

生4:可以像我们语文写作文一样,有人物动态和表情的描写。

师:嗯,表现出了人物的动态变化和情绪变化。

生3:还可以有人物间的对话,用语言来表达人物的想法。

生4:还有场景的描写。

师:是啊,这些都能通过具体的描写来表现出情节的变化。但是,所有的都要写吗?

生2:不是,我们老师上课的时候说了,这样会没有重点,什么都是大概写一写,这样的作文读着很没意思。

在日常主题画创作教学中,学生一般都是用语言来交流自己的构思,交流时,他们对画面内容的具体表现并没有进行深入思考,以致在绘制时会碰到许多画面组织与表现的实际问题。三、四年级学生已经通过语文学习掌握了基本的语言逻辑思维能力和文字表述的能力,可以鼓励他们用"小编剧"的身份,用文字、语言相结合的方法来呈现主题画中的故事性、情境性,以此完善美术表现的内容。(见图2-20、图2-21)

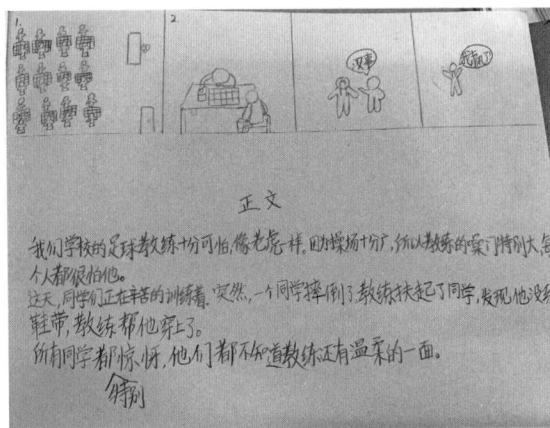

图2-20 学生剧本修改前

Colour 小组剧本			
剧目	人物	背景	画外音
第一场		教学楼	这天下午,教学楼里人声鼎沸,是同学们一天中最喜欢的社团生活开始了……
第二场		足球场	操场上足球社团的教练正在指导同学们踢足球赛。
第三场	小菲、小李		就在比赛激烈进行的时候,小菲同学为了抢球绊倒了队友小李。
第四场	教练 小菲、小李		教练说,"小菲,踢球靠的是蛮力吗?你和对方球员都很容易受伤。" 说着,教练摸了摸小李的头说:"怎么样?受伤没?"
第五场	小菲		小菲羞愧地低下了头,委屈地说"我就出了这么一点的小错误,就是裁判也发现不了吧,我看的球赛多了去了,很多小的细节裁判都没发现!"
第六场	教练、小菲		"有时候的确如此,但如果裁判一旦发现了,你就会被罚下场,失去比赛资格,这是你希望的结果吗?再说,这也违背我们足球精神、体育精神,不能依靠自己的小聪明获取胜利!" "小菲,我们好好训练,抢断靠的是速度、是技巧,让自己技术过硬,你就能为球队得分。"
第七场	教练、小菲		"你看你,鞋带都掉了。"说着,教练蹲下身子,弯腰帮小菲系好了鞋带。

图 2-21 学生剧本修改后

表 2-8 活动三 以学科融合的表现方式,促成创意表现

活动目标	有创意地表现
活动任务	1. 根据脚本,小组自主分工,绘制素材 2. 利用"少儿动画创编机",分工录制,表现主题画
关键问题	1. 在你们的剧本中,共需要绘制哪些素材? 2. 怎么利用"少儿动画创编机"表现主题画? 3. "少儿动画创编机"的表现方式和平时的绘制有什么不同?
活动要求	1. 积极参与小组讨论 2. 认真绘制素材 3. 积极参与小组主题画的录制
学科融合	信息技术:信息设备的操作与使用 音乐:配音
设计意图	组织学生在小组分工和讨论、信息设备的使用中,感受多学科融合表现主题画创作的乐趣

【教学片段5】

师:谁来说说对"少儿动画创编机"的体验感受?它对我们的主题画表现有什么

作用吗？

生2：我觉得它可以让我们的绘制素材动起来,还挺有趣的,像动画片。

生3：是的,它还有录音功能,我们可以像配音一样扮演角色来对话。

师：那么你们觉得,"少儿动画创编机"的表现方式和平时的绘制有什么不同?

生1：我们平时课堂上就是直接绘画,其实有的时候不能完全表现出故事情节,但是这个创编机就可以简单又快速地表现出来。

生4：是啊,还有录音的话可以将我们的脚本故事,更加完整地说出来,让大家都看懂我们的故事。(见图2-22、图2-23、图2-24)

图2-22　场景绘制作品　　　图2-23　人物道具作品　　　图2-24　学生录制现场

主题画创作的传统表达方式是单幅画面。有限的画面内容以及组织安排,限制了学生对主题理解的传达与表现;学生进行多幅创作时,虽然内容会相对完整,但是受时间的限制,往往无法完成多幅画面,不能完整呈现出学生的构思与想法。使用"少儿动画创编机"信息平台,通过素材剪切、素材移动、画面录制、素材存储与反复使用图像等功能,促使学生以"小导演"的身份,进行画面表现的统一筹划;以"小演员"的身份,更有代入感地演绎、表现画面内容。这样的方式,能更大程度地帮助学生在有限的时间里,多样式地呈现自己构思的故事发生过程,也让学生在解决问题的角色情境中学会

自主探索与合作共赢。(见图 2-25、图 2-26)

图 2-25　不同构图凸显主题　　　图 2-26　绘画素材反复使用

三、案例反思

在学科融合的过程中，本案例基于主题画创作的现状问题，通过美术教学内容、组织方式、资源利用的变化，来探索教与学方式的变革。

我们通过以学科融合的主题理解体验，丰富学生的主题画内涵；以学科融合的素材搜集活动，构思表现内容；以学科融合的表现方式，进行创意表现。在学科融合的活动中促使学习内容的共通、过程的共融，以达成能力的共育。

教师要结合教学内容，立足课程标准，根据学情，借助更多媒介，制定更精准的教学目标。同时，克服课时与场地的限制，丰富素材搜集方式，设计更灵活开放的学习活动，以"面向全体学生"的个性化、学科综合化的教育理念来开展美术教学。要引导学生在任务驱动下，在体验分析、自主探究等开放式情境活动中发现问题，调用各学科的知识促进内涵理解，丰富表现内容，探索表现方式，在解决问题的过程中，实现美术学科的创意表达和综合能力的提升。

【附件】

1. 学生卷的基本情况

第一题：你喜欢主题画创作吗？（例如：一年级《我有一颗好牙齿》《牙蛀了》、二年级《啦啦队》、四年级《画画我的星期天》等）［单选题］

选项	小计	比　例	
A. 喜欢	63		15.71％
B. 不喜欢	49		12.22％
C. 一般	289		72.07％
本题有效填写人次	401		

第二题：你认为主题画创作能表达什么？［多选题］

选项	小计	比　例	
A. 记录生活	276		68.83％
B. 表达情感	262		65.34％
C. 想象创编	304		75.81％
本题有效填写人次	401		

第三题：你在课堂中，主题画创作的内容通常来源于哪里？［单选题］

选项	小计	比　例	
A. 教师指定	194		48.38％
B. 课本图片	30		7.48％
C. 模仿他人作品	117		29.18％
D. 个人生活内容	60		14.96％
本题有效填写人次	401		

第四题：课堂中，遇到不知如何绘画时，你通常会选择哪种方法呢？［单选题］

选项	小计	比　例
A. 询问老师或同学	197	49.13%
B. 翻看书本	154	38.40%
C. 放弃自己的主题，模仿老师范作或同学作品	30	7.48%
D. 随便画画交作业即可	20	4.99%
本题有效填写人次	401	

第五题：你通常用哪些表现方式进行主题画创作？（如：绘画、剪贴、泥塑等）

序号	提交答卷时间	答案文本	查看答卷		序号	提交答卷时间	答案文本	查看答卷
1	6月4日 12:25	绘画	查看答卷		381	6月4日 20:54	绘画 剪贴	查看答卷
2	6月4日 12:25	无	查看答卷		382	6月4日 21:04	绘画	查看答卷
3	6月4日 12:26	楷飞	查看答卷		383	6月4日 21:08	剪贴	查看答卷
4	6月4日 12:26	绘画	查看答卷		384	6月4日 21:12	剪切	查看答卷
5	6月4日 12:26	huihua	查看答卷		385	6月4日 21:17	涂画	查看答卷
6	6月4日 12:26	huihuajiantinylbanzheyang	查看答卷		386	6月4日 21:24	剪贴	查看答卷
7	6月4日 12:26	无	查看答卷		387	6月4日 22:15	绘画	查看答卷
8	6月4日 12:26	h	查看答卷		388	6月4日 22:39	绘画	查看答卷
9	6月4日 12:26	剪贴	查看答卷		389	6月5日 08:22	绘画	查看答卷
10	6月4日 12:26	无	查看答卷		390	6月5日 08:53	绘画	查看答卷

首页 上一页 正在浏览第1/41页 总共401条记录 下一页 最末一页 每页显示 10 ∨ 条记录　首页 上一页 正在浏览第39/41页 总共401条记录 下一页 最末一页 每页显示 10 ∨ 条记录

2. 教师卷的基本情况

第一题：备课时，您最经常考虑和反思的问题是？［多选题］

选项	小计	比　例
学生的兴趣和经验	124	83.22%
每堂课的教学任务达成度	88	59.06%
课堂活动的内容与形式设计	120	80.54%
本题有效填写人次	149	

第二题：您选择的儿童主题画教学活动内容，其途径主要来源于哪些？［多选题］

选项	小计	比　　例
网络上的相关教学内容	107	71.81%
儿童绘本的相关教学内容	86	57.72%
自创的相关教学内容	82	55.03%
教科书或者教参书籍	108	72.48%
本题有效填写人次	149	

第三题：您认为在儿童主题画创作教学中，学生最大的困难是什么？[多选题]

选项	小计	比　　例
不知道该如何表现主题	94	63.09%
凭自己的兴趣与想象画，忽视主题	56	37.58%
易临摹教师提供的范画	119	79.87%
本题有效填写人次	149	

第四题：您认为，通过儿童主题画创作教学，学生主要习得的是什么？[填空题]

序号	提交答卷时间	答案文本	查看答卷	序号	提交答卷时间	答案文本	查看答卷
1	6月3日 17:33	根据主题进行构思表现的能力	查看答卷	120	6月4日 12:11	结合美术课程内容，自我认识到社会和感知世界的所感所想！	查看答卷
4	6月4日 09:34	画面表现力和创作的感受	查看答卷	121	6月4日 12:12	想象力	查看答卷
5	6月4日 09:34	拓宽视野与思路，更多的艺术表现方法	查看答卷	123	6月4日 12:14	思路和讲述方法等	查看答卷
6	6月4日 09:34	对于生活，经验的感受与表现	查看答卷	124	6月4日 12:17	需要多关注自我身边事物	查看答卷
7	6月4日 09:34	构图能力，故事情景表现能力	查看答卷	125	6月4日 12:18	围绕一定的主题作画，有难度，有挑战性，也会有一定突破	查看答卷
8	6月4日 09:34	绘画技巧	查看答卷	126	6月4日 12:18	先观察，然后想象	查看答卷
9	6月4日 09:35	通过知识和技能，提升学科核心素养	查看答卷	128	6月4日 12:22	绘画综合技巧	查看答卷
10	6月4日 09:35	学生的创新思维	查看答卷	129	6月4日 12:23	整体构图，主次分明，表现个性	查看答卷
12	6月4日 09:35	构图与造型能力的整体认知与表达	查看答卷	130	6月4日 12:25	拓宽思路，表现自己的想法	查看答卷
13	6月4日 09:36	培养创造能力和对于主题延伸出来的想象力	查看答卷	131	6月4日 12:26	表现主题的想法，突出主题的综合技法。	查看答卷

第一页　上一页　正在浏览第1/12页　　总共116条记录　下一页　最后一页　每页显示 10 ∨ 条记录　　　　第一页　上一页　正在浏览第10/12页　　总共116条记录　下一页　最后一页　每页显示 10 ∨ 条记录

融合教学视域下小学信息科技学科"做中学"实践研究

项目主持 费宗翔

项目实验校 上海市浦东新区尚博实验小学

项目组长 叶苗瑛

项目组核心成员（按姓氏拼音排序）：

陈久华　李　晶　王正永　叶苗瑛　张　瑜

第一部分 　研究报告①

一、研究背景综述

（一）深化课程改革要求融合多种手段支持学生学习

2014 年教育部《关于全面深化课程改革落实立德树人根本任务的意见》明确指出②：将相关学科的教育内容有机整合，提高学生综合分析问题、解决问题能力。充分利用现代信息技术手段，改进教学方式，适应学生个性化学习需求。2019 年《关于深化教育教学改革全面提高义务教育质量的意见》③中也明确提出了融合运用传统与现代技术手段、探索基于学科的课程综合化教学。由此可见，以学生为主体，融合信息技术手段、整合学科教育内容，改进教学方式，是深化课程改革的重要任务之一。

（二）"做中学"契合信息科技学科倡导的育人方式转变

2004 年《上海市中小学信息科技课程标准（试行稿）》④中指出：信息科技课程需要创导把"学技术"与"用技术"融合在一起的学习方式，通过体验和探究，深化技术的

---

　　① 执笔人：费宗翔（上海市教育委员会教学研究室），叶苗瑛（上海市浦东新区尚博实验小学），李晶（上海市浦东新区张江高科实验小学）.

　　② 教育部关于全面深化课程改革落实立德树人根本任务的意见［S］. 中华人民共和国教育部，2014－04－08.

　　③ 中共中央 国务院关于深化教育教学改革全面提高义务教育质量的意见［S］. 中华人民共和国教育部，2019－06－23.

　　④ 上海市教育委员会. 上海市中小学信息科技课程标准（试行稿）［M］. 上海：上海教育出版社，2004.

学习和掌握。教育部《普通高中信息技术课程标准（2017 版）》①中也提到要重构课堂教学组织方式，加强学生探究性学习，在解决问题的过程中整合知识学习，促进思维发展。

信息科技课程兼重理论学习和实践应用，重视培养学生的学习主体性，倡导积极创设丰富的实验和实践条件，让学生在数字化学习情境中开展真实性学习和跨学科学习，鼓励学生在"做中学""创中学"。

（三）对融合教学和小学信息科技的"做中学"的认识

小学信息科技课堂上的"做中学"，是通过创设学习情境，让学生经历感知情境、提出问题，自主探究、尝试验证、得出结论、交流展示的学习过程来获取直接经验。但具体实践中，很多教师还是没能转变观念，发挥学生的主体作用，把"做中学"变成了"讲练结合"。且"做中学"还存在诸如自主学习资源的支撑不足、课堂交流讨论的时间不够、知识习得比较零散、碎片化等问题，这些也制约了"做中学"在课堂教学中更广泛地应用。

融合教学不是一个专有名词，在本研究中，融合教学特指以学科融合和线上线下的融合为手段，开展优化教学方式的探索。其中，学科融合强调整合相关学科的教育内容，让学生在综合应用学科知识与方法，分析和解决现实问题中提升综合素质、发展核心素养。线上线下融合特指线上教学资源工具与线下课堂实践互动深度融合的教学方式。项目研究期望为以往线下的小学信息科技"做中学"带来新的突破。

二、研究目标与内容

（一）研究目标

1. 基于文献学习和实践研究，形成融合教学视域下，小学信息科技学科"做中学"

① 中华人民共和国教育部. 普通高中信息技术课程标准（2017 年版）［M］. 北京：人民教育出版社，2018.

的单元教学案例。

2. 基于案例研究,形成融合教学视域下,小学信息科技学科"做中学"的实施路径和实施建议。

3. 总结融合教学视域下小学信息科技学科"做中学"的研究经验,形成研究报告。

(二) 研究内容

1. 围绕学科教学基本要求和课程标准,界定小学信息科技学科"做中学"的内涵。学习政策文件和相关文献,归纳线上教学和线下教学的各自优势和不足,理解整合相关学科教育内容的意义和作用,界定本项目中"融合教学"的涵义。

2. 选择小学信息科技课程中适合开展"做中学"的单元,创设整合相关学科教育内容的任务情境,辅以线上线下融合的方法,设计单元教学。

3. 分析线上教学、线下教学融合的时机、资源、场景、方式,对典型性案例跟踪分析,提炼融合教学视域下小学信息科技学科"做中学"的实施路径。

三、研究过程与方法

本项目主要以案例研究和行动研究为主,辅以文献研究、调查研究以及经验总结,开展项目实践。

在实践中,经历假设—验证—改进—验证—提炼的过程,在不断试错中改变最初想法、完善教学过程、积累好的经验、形成新的方法。主要研究过程如下:

(一) 理论研究阶段

根据研究目标,搜集有关"做中学""学科融合""线上线下融合"等方面的论文、期刊及专题报道等资料,理解"做中学"的内涵与限度、领会学科融合的意义和作用、分析线上教学和线下教学的优势与不足。结合小学信息科技学科特点,明细研究内容和研究方法。

（二）实施推进阶段

1. 问卷访谈

研制调查问卷和访谈工具表，采用问卷调查和个别访谈相结合的方式，采集教师在以往教学实践中存在的问题和困惑。在项目实施之初，设计"小学信息科技'做中学'教学实践情况调查"问卷，选择浦东新区的小学信息科技教师为调查对象，采集他们以"做中学"的方式开展教学的频次、效果、存在的问题等数据。在第一轮教学实践之后，设计"表格单元教学的问题采集"访谈表，选择浦东新区部分骨干教师，以个别访谈的方式，从教学形式、问题点、现象、案例描述四个方面汇总表格单元教学中存在的问题。基于调查数据和访谈结果，有针对性地开展实践研究。

2. 实践改进

第一轮教学实践中，梳理小学信息科技课程中适合开展"做中学"的教学单元，选择"编辑文档"单元和"机器人与编程"单元，采用融合教学的方式，对整个单元的教与学的过程进行重新设计与实施，记录实践中出现的问题和意外的收获，思考问题的解决方法，完善教学设计。第二轮实践选择"表格制作"单元，在教学设计与实施过程中，汲取第一轮实践的经验教训，调整教学设计、改进教学过程，形成单元教学案例。

（三）成果总结阶段

分析案例中围绕融合教学所使用的资源、创设的场景、切入的时机、实施的方法等，对典型性案例跟踪分析，形成小学信息科技学科，融合教学视域下"做中学"的实施路径和实施建议，撰写研究报告，为学科教师开展教学实践提供参考。

四、研究结论

（一）融合教学视域下小学信息科技"做中学"的实施路径

通过行动研究和案例分析，在设计实施、改进与完善中，形成可供同行借鉴的，学科融合与线上线下融合支持下的,小学信息科技"做中学"的实施路径。

1. 梳理单元内容,明确教学目标

在开展教学之前,需要依据课程标准、对照教材,将这个单元所包含的内容及需要达到的学习水平进行梳理,以便对教师教什么、学生学什么、学到什么样的程度、可以运用哪些学习策略和方法有一个比较全面的了解;需要根据具体面对的学生认知起点和学习需求,精准设计教学目标。比如在表格单元教学时,我们对照教材和空中课堂的教学内容,梳理了单元核心内容。通过比较和分析,发现这两者大致相同,但也有差异。前面三课都介绍了表格的组成要素、表格的作用、基本操作等知识。第四课,华师大版教材主要是围绕着数据的阅读,而空中课堂则更倾向于表格的应用。那么哪一种教学内容更符合学生的学习需要呢? 需要在单元学习之前了解学生的现实起点。我们从单元前序知识的掌握、单元将要学习内容的了解两个方面设计调查问卷,从反馈数据中发现,学生在数学课上已经学习了表格的相关知识,基本掌握了表格的组成要素,对表格的作用也有一定的了解,这部分学习内容可以略过。因此,根据学情重新调整单元教学内容,制订单元的学习目标。

图 2 - 27 单元前测问卷

2. 创设学科融合的真实情境

现实生活中的问题解决,往往不会是分学科、单独运用某一学科曾经学到的知识去解决。因此,打破学科之间的壁垒,融合多学科的内容学习,创设真实的学习情境,可以加强知识与现实情境的联系,促进学生实践能力和创新能力的提升。比如在表格单元的学习中,我们结合三年级学生的生活实际,联系到学校即将召开春季运动会,而运动会需要填写各种表格,设计了"春季运动会开始了"这一单元主题,让学生为运动会设计、制作表格。要完成这些任务,仅仅教会学生使用文字处理软件制作表格是不够的,还要让学生理解表格的用途,了解表格背后所蕴涵的事实知识。比如制作运动会的成绩登记表,学生首先要了解不同运动项目的计分规则,才能设计表格的行列;要会对数据进行简单的处理和统计,才能填写表格内容;要能对边框的粗细、底纹的颜色、字体的大小进行组织与搭配,才能让表格的呈现清晰、美观。

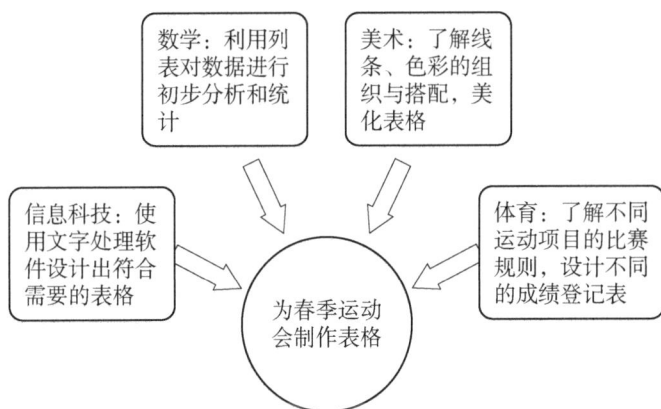

图 2-28　学科融合示意图

各学科知识的理解与掌握不是目标,把知识作为一种工具融入到问题解决,培养学生的综合实践能力才是关键。在此过程中,我们筛选、整合多学科知识与方法,创设具有综合性和实践性的单元学习主题,设计符合生活实际的学习情境。让学生可以在解决真实问题的过程中,学习知识、融会应用。

3. 设计问题解决为导向的学习活动

问题是学生学习过程中的挑战,它能激发学生探索的欲望,使他们积极地去探寻解决问题的方法。好的情境问题可以建立学生已学知识、生活体验和当前学习内容之间的联系,促进学生更好地理解问题的现实意义,也可以有效组织单元教学内容,帮助学生在问题解决的过程中建立知识间的联系。

以连贯的情境问题为脉络，推进教学进程。基于单元主题，设计情境连贯的问题。表格单元中，我们设计了"运动会即将举行，有很多学生报名，有什么好办法可以让报名信息看上去清晰、明了？""学校运动会又增加了比赛项目，且要知道每个项目的参赛人数，报名表需要如何调整？""如何让报名表看上去更清晰、美观？""一些项目报名人数太多，需要在班级内组织预赛选拔，如何设计比赛项目的成绩登记表？"四个情境问题，围绕它们安排课时学习内容，循序渐进地引导学生不断加深对表格的理解，随着问题的解决，单元学习目标也逐步达成。

以学习任务单为指引，开展学习活动。"做中学"是从学生的生活经验出发，让学生经历"做"的过程，去习得知识、发展能力、提升素养。因此，活动是"做"的有效载体。但不是动起来就是"做"。只是抛出一个问题、提供一些资源，学生缺乏明确的目标，会无所适从。需要给学生的"做"提供一些支架，比如学习任务单，可以让学生更方便地理解任务，更快捷地得到资源、更及时地获得评价。这是单元第四课时"制作成绩登记表"的学习任务单（见图 2-29）。

任务单的设计不要给学生太多的限制，让学生自主地去思考、探索、拟定方案、解决问题、尝试验证、得出结论。学习任务单是面向全体学生，但任务设置可以有梯度，让学生有选择的权利，体现差异性。

4. 建立线上线下优势互补的学习流程

随着现代信息技术的发展，越来越多的教学活动在线上完成。线上教学在打破时空界限、把握学习节奏、整合教学资源、培养自主学习能力方面具有明显优势，而线下教学在营造良好学习氛围、面对面的师生互动、学习情况的直接获取等方面也有其不可替代的作用。这两种教学方式各有所长，不可相互替代，却可相互补充。单元教学可以融合两者的优势，重建学习流程。我们从课前、课中、课后三个环节梳理教学中需要解决什么问题、采用什么形式、完成什么任务以及提供什么资源，表 2-9 是单元第一课时教学问题整理的工具表。

学习任务单

学生姓名、学号_____

活动任务：制作成绩登记表

选择一个比赛项目，根据比赛项目的规则，设计一个布局合理且便于统计和阅读的班级预赛成绩登记表。

设计的成绩登记表应满足以下基本要求。制作过程中如若遇到困难，可以尝试借助资源材料或询问同伴等方式解决。

制作要求		参考方法
☐	能够实现统计比赛成绩的功能	资源包中的微视频，教材第23—34页，同伴互动
☐	表格的行列数及内容信息合理	
☐	表格样式美观，内容呈现清晰	

以下是草稿区，制表之前可以在此区域打草稿或初步设计。

图 2 - 29 "制作成绩登记表"学习任务单①

---

① 学习任务单提供者：李晶(上海市浦东新区张江高科实验小学).

表 2-9　教学问题整理工具表

第一课时

【课前】

解决什么问题	如何了解学生认知起点
形式	在线测试
做什么	完成一份问卷调查,复习巩固之前所学内容
需要什么资源	制作一份问卷,内容主要涉及第一学期文字处理软件使用的相关知识点、数学学科中关于表格的知识,并请学生输入一段文字

【课中】

解决什么问题	如何设计运动会报名表
形式	线下自主探究
做什么	通过对比表格和文字信息,明确表格的作用;要通过整理有规律的信息,尝试设计表格;探究如何在文字处理软件中插入表格
需要什么资源	一个表格和文字信息的实例。空中课堂中的资源可以截取片段后使用

【课后】

解决什么问题	如何评价学习效果
形式	线上讨论
做什么	请学生选择一个情景,并设计一张表格,上传到讨论群
需要什么资源	准备几组能转化成表格的文字描述

依据工具表,整理单元各个课时在教学环节中需要解决的问题,最终形成整个单元线上线下融合的学习流程。

5. 开展贯穿教学始终的学习评价

评价考察要全面,既要了解学生的认知基础,也要掌握学生的进步幅度;既要评价学生的学习结果,也要评价学生的学习过程。因此,评价要贯穿于教学的始终。单元教学前,通过前测了解学情;单元教学中,通过评价了解学习效果和表现;单元教学后,通过后测掌握学习结果。

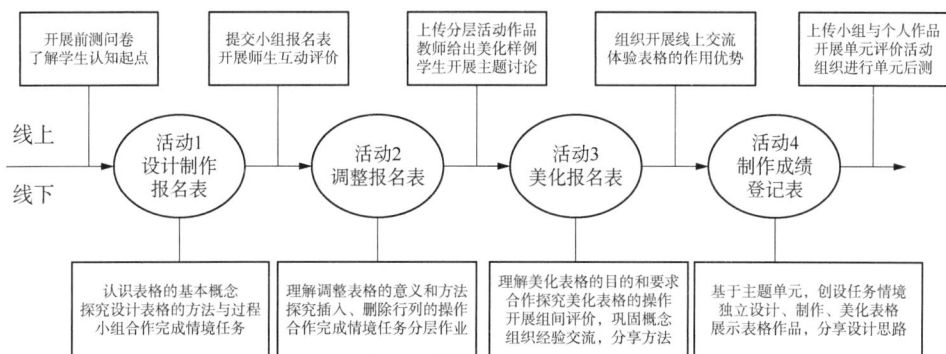

图 2-30 单元线上线下融合的学习流程

表 2-10 单元后测评价表①

评价表

同学们,学校春季运动会的主题活动结束了,你们学得怎么样? 线下学习是否能主动探究? 线上学习是否能自觉完成? 对于统计你还学到了什么? 老师打算请你和组员一起完成下面这份评价表。(得分请用☆表示)

班级_____ 姓名_____ 同桌_____

评价项	评价指标	自评	同伴互评
知识与技能	能根据实际,独立制作一份表格		
	能利用表格统计,获取相关信息		
	能用数学中的统计知识,分析表格信息		
	能合理搭配色彩,美化表格		
过程与方法	能根据老师提供的资料,自主学习		
	能利用网络完成在线预习和作品制作		
	能在小组中交流分享自己的学习体会		
情感、态度与价值观	能克服学习中的困难,学得知识		
	能用信息技术规范有效地开展在线学习		

现在,有了线上平台工具的助力,我们可以更加方便、快捷地得到真实客观的学习数据。通过分析学生线上问卷和线上答题的情况,获得学生知识技能掌握程度的反

---

① 单元后测评价表提供者:陈久华(上海市浦东新区教育发展研究院).

馈;通过监测学生在线学习、在线讨论以及线下课堂表现等,获得学生学习行为表现的评价。线上采集的评价数据相对及时、客观,能让学生及时了解自己的欠缺,明确改进方向;能让教师及时发现自身教学上的不足,调整教学方法。

(二) 融合教学视域下小学信息科技"做中学"的实施建议

1. 学科融合要关注学生新型知识观的发展

面对真实情境下的真实问题,学生很难只通过单一领域的知识去解决,需要用到跨学科的知识能力。因此,学科融合的"做中学",教与学的过程不仅仅是知识传递的过程,更是学生在真实情境下,整合各学科知识和思维方式去解决问题,从而形成知识建构的过程。在这个过程中,知识并不是一种绝对客观的、固定不变的终极真理,而是具有不确定性、建构性、多样性和可质疑性等特征。学生在这个过程中建构的不仅仅是知识本身,还包括新型的知识观。

2. 学科融合需要处理好学科间的关系

与单学科课程体系学习的思维方式不同,学科融合没有系统的、独立的课程体系,其以真实情境中的问题为核心,组织经验、材料,设计学习活动。因此,学科融合要将属于不同领域的知识技能建立起联系,既要有本学科的视角,又要结合其他学科的经验,针对不同的学习主题或问题,学科间密切配合,更好地培养学生的实践能力和创新能力。小学信息科技学科可以根据课程育人要求、学生认知基础以及信息技术的发展趋势,在学习内容的设计中,充分关注信息科技在各学科中的应用场景,在满足课程的学习中,融合其他学科,为不同生活背景的学生提供多样化的学习体验。

3. "做中学"的开展要适切

"做中学"强调学生通过实践去获得直接经验,这样的经验对学生来说形象生动、印象深刻,这样的学习富有成效。但"做中学"是经由"做"方能"学",若所有知识都经历实践体验方能获得,需要花费很多时间。在前期的实践探索中,我们发现一些事实性知识的学习,比如鼠标、键盘;一些易于理解的概念性知识,比如身边的信息、电子邮件;一些比较简单的程序性知识,比如如何开机、关机、打开程序等,这些采用先讲后练、或讲练结合的方式,可以更高效地达成学习目标。

4. "做中学"要重视学生的主体性和教师的引导性

在教学实施过程中,切勿把"做中学"失真为"练中学""动中学"。在"我的电子作文"单元设计中,教师创设了学科融合的情境问题、设计了活动任务,有操作探究、也有合作讨论和交流展示,但在具体实施过程中,教师总是习惯按步骤安排学习任务,组织学生"指令"式的执行,甚至先讲后练。在"开始做小报了"单元设计中,教师注意到了要"放手",但却没有组织好学生,使"放手"变成了"放任"。"做中学"的学习方式首先要尊重学生的主体地位,让学生成为学习的负责人,问题解决的责任人,鼓励学生大胆提出设想,并对此进行分析、验证。教师要尊重学生的观点、理解学生的行为,让学生在实践体验、交流讨论、改进反思中,产生思维的碰撞、加深对知识的理解、获得能力的提升。学习过程中,教师的介入是必需的,如果一味强调探究问题学生自己提、学习方式自己选、学习过程自己定,会让"自主"变成"自由"。教师要做好引导者,设计学习活动、鼓励自主探究、启发讨论思考、组织分享评价;教师要成为学习者,走下讲台、走近学生,观察学生学习过程中的差异,与学生共同学习、互相质疑、听取意见、提供帮助。从"教学生学什么"转变为"教学生怎么学",切实提升学生的自主学习能力。

5. 线上线下融合要关注时间分配

"做中学"需要花费课堂较多的时间,借助线上教学可以拓展时空的优势,优化时间的分配,丰富学习体验。

(1)课前在线诊断和预习,提升学习效率

课前在线诊断学情,可以让教学更有针对性,提升教学效率。考虑到学生参与线上学习的时间有限,大部分学生在家使用电子设备的时间会受到家长控制。课前在线诊断可以安排在课堂教学结束前3分钟开展。新的单元教学开始前的诊断侧重对学生认知起点的评估,单元课时之间的诊断侧重对前一节课学习效果的评价。

在线预习也不建议都采用翻转课堂的形式,提前学习知识。在"机器人与编程"单元教学过程中,我们发现在线讨论可以给部分比较内向、不善言表或反应较慢的孩子更多表达观点的机会,也可以让学生对问题的思考更深入,讨论交流的质量更高。故建议在线预习可以先抛出下一节课需要解决的问题或任务,让学生有充足的时间思考,这样课堂上的实践与交流就会更高效。

（2）课中充分实践探究，促进有效学习

有效利用网络资源是小学信息科技课堂的优势，项目组充分利用空中课堂的资源，将其中的讲解、操作等部分进行剪辑，建立线上学习资源库。学生在实践体验的过程中如果遇到困难，可以到资源库中去查找相关的学习资源，得到学习帮助，提高自主学习的能力。教师避免了简单操作的反复演示，减少了讲的时间，可以留给学生更多的时间充分地实践与探究。

（3）课后线上交流展示，评价学习效果

作品展示交流是信息科技课堂中不可缺少的一个环节，借助他人的评价，可以发现自己的问题与不足，实现自我改进与提升。但由于时间的关系，以往课堂上的作品展示环节只有部分学生作品有机会得到展示，交流评价无法充分开展。

利用在线学习空间，将作品放到线上，课后延续对作品的展示与评价，让交流可以更广泛、评价可以更深入。研究中我们发现，小学生的在线交流需要教师的有效引导。比如明确讨论方向、提供评价标准、给出交流示范，使得学生线上交流的观点更明确、表达更清晰、评价更客观。

五、思考与展望

（一）深化线上线下融合教学的探索

线上线下融合教学的探索可以走得更深远一些。线上线下的教学可以形成梯队，结合学科数字化学习与创新的核心素养要求，教师可以慢慢增加学生线上的学习探究时间，在课堂中给予学生更多个别化指导和互动的时间，使学科倡导的"数字化环境下学生能力培养"这句话真正落到实处。

（二）帮助学生构建知识体系

"做中学"大多采用自主探究、合作学习的方法获取知识技能，这会使学生的知识习得比较零散、体系性不强。我们目前用思维导图的方式对学习的知识技能进行梳理,用在线测评的方式让学生在测试的过程中建立知识结构。希望在未来的实践探索中,能找到帮助学生形成知识结构的更多方法。

(三) 深化学科融合的探索

随着小学信息科技在课堂中开展学科融合的实践研究,教师越来越意识到学科融合对学生综合实践能力提升有很大的帮助。围绕学科融合的探索还只是刚刚起步,教师要多关注其他学科、其他学段的课程标准和教学要求,为深化学科融合的探索打下基础。

参考文献

［1］［美］约翰·杜威.我的教育信条[M].彭正梅,译.上海:上海人民出版社,2017.

［2］林艺虹.基于"做中学"理念探索小学生科学素养的培养[D].漳州:闽南师范大学,2019.

［3］乔为.从做中学:基于具身认知的视角[J].职业技术教育,2017,28(31):13 - 20.

［4］董玉琦,刘向永,钱松岭.国际中小学信息技术课程最新发展动态及其启示[J].中国电化教育,2014(2):23 - 26.

［5］张卫.停课不停学背景下线上教学的实践与思考——以小学 20 分钟线上教学为例[J].课程教学研究,2020(4):89 - 96.

［6］赵晓丹."互联网+"背景下线上线下"双课堂"的教学研究[J].计算机产品与流通,2019(11):174 - 175.

［7］李政涛.基础教育的后疫情时代,是"双线混融教学"的新时代[J].中国教育学刊,2020(5):5.

［8］徐柏权.基于 OMO 的教学模式设计探讨[J].广西教育,2020(35):190 - 192.

［9］上海市教育委员会.上海市中小学信息科技课程标准(试行稿)[M].上海:上海教育出版社.2004.

［10］中华人民共和国教育部.普通高中信息技术课程标准(2017 年版)[M].北京:人民教育出版社.2018.

一、案例背景

本案例的教学内容取材于华东师范大学出版社的《小学信息科技》第二册的表格单元。

通过本单元的学习,学生能学会使用文字处理软件中的表格工具组织、整理有规律的信息,能灵活运用文字处理软件解决学习、生活中的实际问题,感受使用信息技术处理信息的便利性。

在开展本单元教学前,我们从教学形式、问题点、表象和案例描述四个方面制定了"表格单元教学的问题采集表",并请部分教师进行了作答。从教师们的反馈中,我们了解到表格单元教学中常见问题有:(1)由于学生在技能的学习和掌握上存在较大差异,作品的完成率相差大;(2)学生灵活运用表格的功能去解决实际问题的能力不强;(3)线下教学时学生的展示与表达不够充分;(4)课堂上教师说的时间长了,学生动手练习的时间就短了。同时也了解到大部分老师的上课方式还是以教师讲、学生练为主。

基于以上认识,我们尝试以表格单元为例,采用"做中学"的方式,融入数学、体育、美术等学科知识,辅以学生一定的学习支架和线上活动,尝试让学生在动手实践、解决问题的过程中习得新知、提升能力、发展思维。

---

① 执笔人:张瑜(上海市浦东新区晨阳小学),陈久华(上海市浦东新区教育发展研究院).

二、案例主体

春季运动会开始了

一、教学目标

通过本单元的学习,学生能学会使用文字处理软件中的表格工具组织、整理有规律的信息,能灵活运用文字处理软件解决学习、生活中的实际问题,感受使用信息技术处理信息的便利性。

二、教学过程

(一)环节一:线上问卷,明晰学情

在课前,老师请同学们在线完成了一份简单的调查问卷,内容如下。

1. 下面哪个软件属于文字处理软件?

2. 我们可以用"WPS文字"软件完成下面哪些任务?

3. 下面哪些命令按钮是在"WPS文字"软件的"插入"选项卡中?

4. 下面这张《庆"六一"活动节目报名单》是一张几行几列的表格?

5. 生活中,你还看到过什么表格?你觉得使用表格有什么好处?

【设计说明】对于信息科技学科的教师来说,开展线上问卷调查是一件很便捷的事情。这份问卷一方面可以帮助教师检测学生在上学期对于"WPS文字"软件的学习成效;同时也能帮助教师更好地了解学生对于表格这个知识点的认知基础,能让后续的教学更有针对性和实效性。

(二)环节二:情境引入,明确问题

学校一年一度的春季运动会又要开始啦!今年学校的运动会有5个项目:跳远、投掷、跳高、50米跑、200米跑。大家可要积极报名参赛呀!下面,就让我们一起来制作运动会报名表吧!如何制作这张运动会报名表呢?

1. 你知道什么是表格吗?学习教材上第23页的内容,并独立完成教材上的练习。

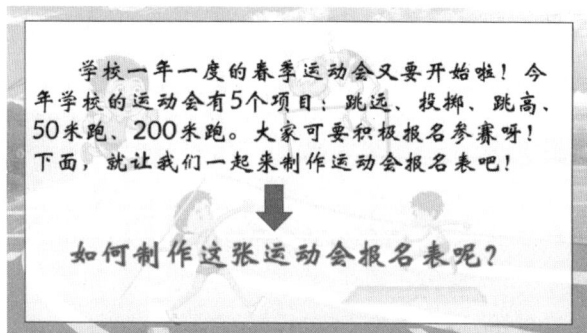

图 2-31 情境问题

2. 你能手绘一张表格吗? 请以小组为单位,根据所学内容在学习单上画出一张小组的"运动会报名表"(要求:运动会共有 5 个项目,小组成员人人参赛,每人可选 2 个项目)。

3. 你会制作电子表格吗? 请以小组为单位,把学习单上的纸质表格用"WPS 文字"软件绘制出来,可以看教材第 24—25 页上的知识以及视频资源"插入表格"。

【设计说明】"做中学"倡导的是以学生为主体的教育理念,让学生自己动手,在实践中通过观察、思考和体验,习得新知。围绕着情境问题,我们设计了由易到难的三个小问题,这些问题能有效帮助学生解决实践中遇到的困难。

通过对前期调查问卷的汇总,我们也进一步了解了学生对表格的掌握程度,教学设计重心从对表格的行、列、单元格的认识,转变为应用数学课所学的表格知识去设计表格、深入理解表格的作用,这才创设了为春季运动会设计一张报名表的真实情境。同时也留出了更多的时间让学生能亲自动手在计算机中制作这张报名表。

(三)环节三:增加难度,深入探究

1. 报名表初步完成了,但是这张表格还缺少一个合适的名称,而且春季运动会又增加了一个比赛项目"接力跑",并且还要在同学们报名之后,统计每个项目的"参赛人数",这可怎么办呢?

2. 学生实践

3. 交流讨论

(1)你们给这张表格起了什么名称? 你能说说你们是如何添加表格名称的?

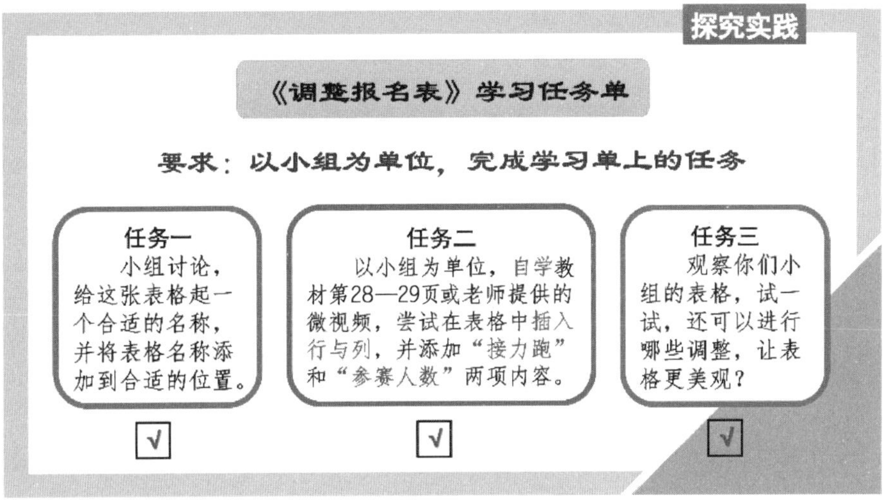

《调整报名表》学习任务单

要求：以小组为单位，完成学习单上的任务

任务一
小组讨论，给这张表格起一个合适的名称，并将表格名称添加到合适的位置。 ✓

任务二
以小组为单位，自学教材第28—29页或老师提供的微视频，尝试在表格中插入行与列，并添加"接力跑"和"参赛人数"两项内容。 ✓

任务三
观察你们小组的表格，试一试，还可以进行哪些调整，让表格更美观？ ✓

图 2-32　情境问题的分解

（2）你们是如何插入"接力跑"和"参赛人数"两项内容的？

（3）你们小组对表格尝试了哪些调整，让表格更美观？

4. 线上讨论：看看网上的这四张参赛报名表，请从合理性和美观角度分别来说说有什么优点和不足。

【设计说明】内容的学习，主要是让学生根据表格制作过程中发生的问题，应用技术解决问题。例如：添加表格名称，增加、删除行与列，美化表格等。在解决问题的过程中，让学生关注到解决问题的方法是多样的：可以自己思考解决，可以向书本学习，可以借助视频资源……延展学生的学习方式和手段。

制作好的表格还需要做美化。表格的美化不仅是技术问题，还涉及艺术审美。教学中，我们将美术学科中线条的组织与搭配，色彩深与浅、偏冷与偏暖等的搭配与美化报名表进行了融合，将美术与生活实际关联，感受美化作品带来的视觉享受和理解的便利。学生能运用美术学科中的线条组织和色彩搭配的知识来制定美化报名表的评价指标。

考虑到课堂上让学生充分发言的时间是有限的，我们将"请从合理性和美观性两方面来说说四张表格的优点和不足"这一讨论放在了线上进行。这样既节约了线下的时间，又能让每个想要发言的学生能充分发表自己的意见和建议。

（四）环节四：综合应用，拓展延伸

1. 情境引入：同学们完成的报名表显示了大家都积极地参加比赛，真好！可是好多个运动项目的报名人数都超过了学校的参赛人数要求，这可怎么办呀？我们先在班级内比一比，挑选优秀选手参加校级运动会吧。现在就让我们每个同学选择一个运动项目，制作一张《××项目比赛成绩登记表》吧。

2. 学生提出问题（预设：不清楚比赛项目规则怎么办？）

3. 学生尝试解决问题并制作《××项目比赛成绩登记表》

4. 展示交流与总结

5. 线上后测

【设计说明】"做中学"的目的是要让学生能将习得的知识与具体的生活实践相联系，学以致用，活学活用。因此，在让学生以小组合作方式完成了报名表的情况下，又设计了一个真实情境，让每个学生能制作一张《××项目比赛成绩登记表》，以此来检验他们是否能做到学以致用。

学生要制作一张符合比赛规则的《××项目比赛成绩登记表》就必须要去了解相关的运动赛事。这时，他们想到了网络，会主动上网查阅体育比赛规则；他们想到了体育教师，利用课余时间去向体育老师请教；他们也想到了家长，向家长征询意见；有些学生还通过亲自尝试一下这个运动项目，希望能从中找到答案……学生在学会运用表格解决实际问题的过程中也习得了体育比赛方面的知识。

三、案例反思

1. 学科融合，要关注学科间的知识交叉情况

学科融合过程中，教师可以根据课程标准，创设多学科融合的真实情境，设计有效的综合活动，让学生在解决真实问题中提升能力。

在开展"春季运动会开始了"这一主题活动前，通过线上前测和当面询问，我们了解到学生在数学学科中已学习过与表格相关的内容（如百数表、列表枚举）。因此，学

情分析除了要分析学生在本学科上的起点能力,还要注重学科间的交叉知识,要了解学生在相关学科上的认知起点,这样才能更好地做到"以学定教",使教学建立在真正符合学生实际的基础上。让学习更加真实,更贴合学生的实际。

2. 教学支架,让课上学生动手实践的时间更充分

小学信息科技是一门实践性很强的学科,我们会通过让学生自主地运用多样的方式解决问题来获得实践能力的发展。因此,在"做中学"的学习方式中,可以为学生的活动提供适合的教学支架,给学生明确的目标和充足的时间去进行自主探究或合作学习。例如,我们在每一课的学习中都提供了一份以问题解决为导向的学习单,学习单上既有学法指导,又有资源帮助,为学生接下来的主动实践探索提供了很好的学习支架。实践也表明,在这些学习支架的帮助下,学生的作业完成率很高,每个小组基本都能完成要求。而且经过自己动手实践获得的知识与技能,学生应用时也更加得心应手。

3. 双线配合,延伸"做中学"的实践过程

线下的教学活动时间是有限的,我们无法在课堂上让学生尽情沟通、讨论、实践,为了弥补这种缺陷,我们在充分考虑到保护学生视力、不让学生使用手机、不增加学生课业负担的情况下,开展线上的动手实践活动进行弥补。例如,主题实践活动开展前的网上调查问卷,活动中请学生在线交流四张报名表的优势与不足,活动后线上的评价等。

我们还充分利用线上资源,辅助学生进行自主学习。"空中课堂"教学视频是非常宝贵的备课资源,不但有助于提升教师对单元目标、教学内容的理解能力,也是学生动手实践过程中的好帮手。教师可以根据教学需要对视频资源进行截取和整理,将其作为线下教学时的资源提供给学生进行自主学习。这些随时都能调看的资源为学生的"做中学"提供了强有力的学习保障。

4. 存在的问题

教师知识储备的面不够广,对于本学科知识和技能掌握比较好,对于其他学科的本体知识、教学要求等都不太关注,不利于跨学科学习的开展。学生线上活动的开展受到平台、家庭环境、家长的认识等因素影响,也存在着较大差异和困难。针对实践过程中出现的这些新问题,建议学科教师要进一步加强学习,拓宽自己的知识面,加强自身的知识储备,能根据教学目标寻找到学科间的融合点,能在双线教学上找到一个更佳的契合点,为培育时代新人而不懈努力。

第三编

基于技术与资源支持的
自主探究与深度体验

技术赋能下以"问题—任务"
为特征的小学自然学科单元教学

项 目 主 持 赵伟新

项目实验校 上海市徐汇区徐汇实验小学

项 目 组 长 张凌燕

项目组核心成员(按姓氏拼音排序):

焦轶萍　姜洲洋　于　琪　杨亭亭　张静娟

张凌燕

一、研究背景综述

信息技术的有效运用,能更好地实现课程价值和丰富学生学习经历,促进教学方式的变革,为个性化教育的实现开辟路径。在中国知网的文献总库(CNKI)中,以"信息技术小学科学"为主题的中文文献共有 637 篇,发文量变化趋势如图 3-1 所示。可以看出,相关研究数量总体呈现上升的趋势。

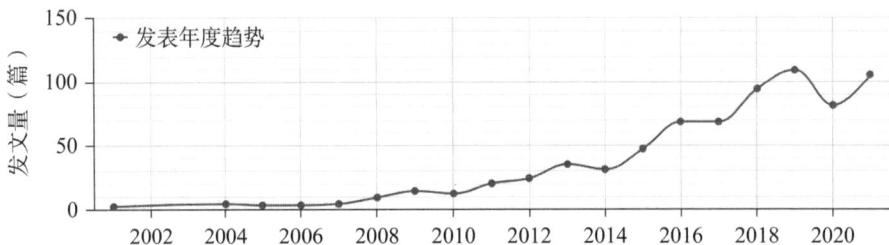

图 3-1　以"信息技术小学科学"为主题的发文量统计

(一) 信息技术融入教学成为时代要求

信息技术与科学课的整合就是以科学知识为载体,把信息技术作为工具和手段渗透到教学中,为学生提供开放的空间,充分发挥学生的学习主动性和创造性。信息技术的应用,需要学科教师通过有效的教学策略,合理地将信息技术应用在教学之中,从

---

① 执笔人:张凌燕、张静娟、杨亭亭、姜洲洋(上海市徐汇区徐汇实验小学),赵伟新(上海市教育委员会教学研究室).

根本上保证小学科学教学质量的提高。

刘晓棠在《巧用现代信息技术与小学科学教学的整合》一文中指出，"科学课主要要求学生通过生活中的观察和学习，增长生活的经验，教师在教学中不应该仅仅局限于课本上的知识，应该在学生能够接受的范围内增加学生知识的宽度，而信息技术正好符合能够扩大学生知识面的特点"。应用信息技术，可以不断创新教学方法。新技术的不断涌现，已经给课堂教学资源带来了更多的选择和机遇。

(二)"问题—任务"教学形式可以提高学生问题解决的能力

针对以往教学中的问题，以"问题—任务"出发，丰富教学资源、优化教学空间及落实教学评价，可以实现三者在课堂中的同步转变。有了信息技术的支持，学生的学习体验更多元，教师对课堂的调控更有效，教学方式变革有了更多的可能。

自然学科是打开学生视野的学科，也是锻炼学生科学思维的学科，问题是引发思维的关键要素。教师需要设计关键问题，鼓励学生提出问题，在解决问题中完成科学知识的学习。教师需要为学生创建合作交流的小组，让学生拥有与同伴进行思想互换的空间，促使学生在接触更多的思想中，逐步找到解决问题的思路。教师需要重视问题，并采用多元方式引导学生解决问题，促使学生在独立思考、合作探究中得到提升和发展。

(三) 加强学科间的有机融合成为发展需求

现代社会需要复合型人才，这提高了对学生综合思维能力的要求，引发了学科整合的趋势。多学科融合教学的过程，需要教师选择能激发学生学习动机的融合点，分解课堂上要解决的重点和难点，并在此基础上优化教学设计，从而实现与其他多学科的有机融合。

学科融合更加强调以学生为中心，了解学生学习情况，并支持有兴趣的学生对融合知识点做深入了解，反向优化与其他学科之间融合教学的设计与实施，才能更好地服务小学自然课堂教学。

二、研究目标与内容

（一）研究目标

1. 基于资源、技术和评价的支持，设计、实施以"问题—任务"为导向组织教学内容的学习活动，并构建相应的资源、技术和评价系统。

2. 基于实践研究，提炼相关经验，编制学科研究报告与案例，形成物化项目成果，并通过活动展示辐射实施路径与经验。

（二）研究内容

核心概念："问题—任务"教学形式

本次实践研究针对"信息技术背景下的'问题—任务'教学形式"，团队成员在研读相关文献基础上，结合本校实际情况，研究框架确立为：

1. 基于"问题—任务"的课堂教学模式研究

通过"问题—任务"教学形式帮助教师认识教学方式变革的重要性，同时更好地找寻以问题解决为特征的课堂教学设计与实施的路径和策略。在课堂实践中，开展教学活动的设计、实施、评价和反思的研究，促进教师形成对教学基本要求、教学目标、教学内容、教学评价一致性设计的能力，并形成"以问题解决为特征的课堂教学"的模式。

2. 巧用信息技术变革教学方式的实践研究

以单元为研究对象，界定单元涉及的主要问题或任务，明确需要建设的资源，如学习包、虚拟实验室、数字化实验等；结合不同的学习方式，构建侧重信息获取、实验方案设计、数据收集与分析等的评价体系。基于资源、技术和评价的支持，改变教学内容和资源的组织方式，设计并实施以"问题—任务"为特征的教学活动，形成实践案例等物化成果。

3. 信息技术助力下科学学习活动的评价研究

基于信息技术，设计可视化的学科核心素养发展维度、评价要点，通过大数据的采集分析,对学生的课堂学习情况实施动态评估,同时检测课堂教学活动的有效性。

本次研究的重点是用先进的教育理念引领,用信息技术手段辅助,寻找"问题—任务"教学设计与实施的路径和策略,并将创新思想融入课程教学之中;研究的难点是改变教学内容和资源的组织方式,构建相应的资源、技术和评价系统。

三、研究方法与过程

(一) 研究方法

运用文献分析法,了解国内、国外的研究现状。

运用假设与比较分析法,对照《上海市小学自然学科教学基本要求(试验本)》(以下简称《教学基本要求》)和教材。以课标为纲,讨论与知识目标匹配的单元核心问题,由此假设预期的学习结果。

运用行动研究法,设计单元学习大任务,检测学生是否能运用所学知识解决实际问题,达成预期学习结果。单元大任务确立的同时,从知识、实践、操作、表达和情感等维度,设计贯穿整个单元教学的其他学习评价要求。

运用案例分析法,把重组后的单元以"问题—任务"为特征实施教学,提供学生更多体验、实验、专题研究和汇报展示等探究与实践的时空,运用所学知识和技能完成单元学习大任务,通过多次的反思调整,观察、比较和分析教学成效,形成案例。

(二) 研究过程

1. 编制研究方案(2020.6—2020.8)

确立研究方案,制定具体实施计划。

2. 开展实践研究(2020.9—2021.5)

表 3-1　研究任务、具体内容和时间安排

时间	研究任务	具体内容
2020.9	梳理《自然》第七册、第八册各单元的核心概念及主要活动类型	确定核心概念,梳理、整合教学内容,形成各章节主要活动类型归类
		整理已有教学资源,建立教学资源列表;梳理可创生或优化的资源和技术运用的列表
2020.10—2021.1	以单元主题内容为研究单位,运用信息技术支持,开展"问题—任务"解决教学活动的设计与实施	以第七册一个单元教学内容为例,开展"问题—任务"活动的设计,体现个性化学习的信息技术方法或信息化评价手段
		开展课堂教学实践,针对生成问题调整设计,做好过程性资料的整理
2021.2	阶段性成果梳理	提炼开展以"问题—任务"解决为特征的教学活动设计的路径和方法,形成范式
2021.3—2021.5	新一轮实践研究	总结"问题—任务"活动设计的一般路径,开展新单元的活动设计,信息化资源的配套建设
		课堂教学实践、反思、活动设计修正调整

3. 提炼实践经验,展示研究成果(2021.4—2021.6)

形成研究报告和案例等成果;开展经验交流与教学展示活动。

四、研究结论

(一) 在"问题—任务"为特征单元教学实践中,需要有凸显整体性和学科融合性的设计路径

1. 单元教学概况模板成为"问题—任务"为特征单元教学设计的工具

我们对单元视角下的课堂教学设计进行了积极的研究与实践,凸显了单元教学的结构化和整体性,以改变以往课堂教学中存在的偏重碎片化知识点传授、忽略知识之

间内在逻辑关系的问题。通过研发模板工具,确立了聚焦"问题解决"为特征设计单元学习任务的路径。这一路径可以用《单元教学概况模板》来概括,由单元的预期学习结果、检测学习结果和设计学习体验三个方面组成,可以架构起单元教学设计与课时教学设计之间的关联,如表 3-2 所示。

表 3-2　单元教学概况模板

单元名称：

预期学习结果	
学习内容与具体要求 (课程标准/《教学基本要求》)	基本问题
检测学习结果	
学习大任务	其他学习评价
设计学习体验	
重点学习活动	科学概念

这一模板工具,以学习结果为起点,开展逆向设计,有助于我们思考如何确定学生是否已经达到了预期的"理解"。具体的设计要点：

(1)研读课程标准,预期单元学习结果

为完成"预期学习结果"填写,需要研读课程标准和《教学基本要求》,明确单元主题相关的"学习内容与具体要求";梳理跟内容与要求相关的基本问题,使基本问题成为单元学习的驱动性问题。在单元主题确定的条件下,围绕主题建构知识结构,形成概念与问题之间的联系,"预期学习结果"明确单元教学的"终点",这也就是单元教学的基础。

(2)确定评价任务,检测单元学习结果

为完成"检测学习结果"填写,需要将单元知识与技能进行组织集合,构建能把所学的知识迁移到新的环境和挑战中的单元"学习大任务"。"学习大任务"是"检测学习结果"最为核心的部分,可以把单元教学放在一个更大、更连贯、更结构化的课程框架中。除了"学习大任务"这一单元评价的核心外，还要思考单元其他学习评价的设计，如评价的维度、方式和反馈等。通过"学习大任务"及有效的评估证据，成为用于评价"预期学习结果"是否达成的关键。

（3）思考学习活动，设计单元学习体验

为完成"设计学习体验"填写，需要梳理单元学习的整体要求和进程，就是在清晰明确的学习结果和关于"理解"的合适证据后，需要思考哪些活动可以使学生具备解决"学习大任务"等所需的知识和技能，思考在学习的过程中需要哪些材料与资源，思考活动方式是否可以更为丰富和更为适切等；然后，根据"预期学习结果"，明确活动中需要学习的科学概念；最后，思考如何在有限的课时内设计最适切的学习活动，实施不同的教学策略，为学生提供必要的学习经历。"设计学习体验"有助于设计指向学生形成科学认知、应用知识和做出迁移的各课时重点学习活动，成为达成单元教学目标的根本。

2. 整体性和学科融合性是"问题—任务"为特征单元教学设计的两大原则

（1）必须充分体现整体性

以《教学基本要求》为纲，以年段、单元、模块整理教学线索，以系统论的观点进行要素分析、流程设计和结构化研究。基于"问题"，分析教学内容的逻辑关系，加以重组；以"问题链"串起学习探究的路径线索，更符合学生的认知。

如在科教版《自然》三年级第二学期第八单元《简单电路》中，设计的单元大任务是利用"百变电路"模块设计各种开关控制效果的串并联电路游戏。在解决问题的过程中，学生首先回溯串并联电路的连接方式等知识，进而在实物连接转变成电路图式抽象模块拼接的过程中，经历试错、调整直至解决问题，体验游戏挑战的成功。经历单元大任务后，学生潜意识中对于电路串联和并联的连接方式已经从完全依托实物的理解，转变为图形描述这一理性的认知，学生思维层级得到提升。学习过程成为了思维激发、知识建构、能力锻炼的系统工程。

（2）必须充分体现学科融合性

聚焦"问题—任务"的活动设计，特别是单元大任务的设计，学生问题解决的能力必定是指向综合运用各学科知识和技能发展的，要让学生在适合的、综合的、多样的问题任务解决的实践中面对挑战和提升能力。在设计活动时，要给予学生发挥、调用各学科知识与技能的契机,实现自主学习的同时,提升综合能力。

《声音与振动》单元,单元大任务是"探秘乐器发声的原理"。学生选择一种乐器,先仔细观察乐器的结构,再尝试让乐器发出轻响和高低不同的声音,并利用传感器和平板电脑采集并收集声音轻响、高低的数据,形成小组的观点结论,并且在"探秘成果汇报"活动中,解释乐器发出不同声音的原理。这就是知识与技能运用、整理、输出的过程,展现学生逻辑的衍进,语言组织、表达等的加工过程,是多学科学习能力的综合体现。

(二) 在"问题—任务"为特征单元教学实践中,信息技术可以赋能"教"与"学"方式的变革

1. 信息技术助力学生学习方式转变和综合能力提升

"问题—任务"为特征学习活动过程,以"问题"引发学生兴趣和思考,以"任务"激发学生设计解决方案、搜集证据、分析讨论,使得科学知识的调用成为内驱需求,从而提高学生综合学习能力。信息技术的加持,使得学生的学习方式更加多元,学习氛围更加平等,学习评价更具实效。

(1) 信息技术提供丰富多元的学习方式和提升学生的学习体验

借助赛灵格®教学平台,辅以数字化传感器、平板电脑等信息化学习软硬件的支撑,使学生在"问题解决"的过程中,可以拿着平板电脑记录探究过程的猜想与假设、实验方案的设计,通过采集照片、视频、表格多选择地记录实验现象,使之成为解释现象、分析问题的依据。

《导体和绝缘体》一课中,学生利用赛灵格®教学平台,在猜想与假设的前提下,设计并拍摄识别导体和绝缘体的具体方法,并记录结果,最后展示交流。整个过程,通过赛灵格®教学平台记录并可实时调用。《不同的声音》一课,学生将采集到的声音轻响、高低的数据实时上传,自动生成统计图线,展开数据分析。有了网络数据的存储,学生可以自主地调用前几节课的过程性学习资料,回溯学习经历、实验方法和操作手段,进行任务分解、问题解决。资源的交互、数据的汇总,在学生自主学习活动过程中转向为学生的发展服务,丰富了学生的学习体验。

(2) 信息技术保障交流表达的时空和营造安全的学习氛围

信息技术的支持让有限的学习时间更加有效,为学生独立思考和交流分享提供了

证据支持,也赢得了更多的自主学习时间。在问题解决的过程中,多元的学习体验会调动以往知识经验与新知之间的联系和对比,学生会自发形成倾听、讨论、争论等同伴间的学习性的交流需要。

在《声音与振动》单元大任务"探秘乐器发声原理"的成果交流会上,可以看出每个小组"问题解决"的方法和思路有所不同。有的小组探究的乐器是拇指琴,他们从乐器结构出发,观察到拨片长短的不同,提出影响拇指琴发出高低、轻响不同声音原因的猜想,利用信息技术进行数据采集分析,最后得出结论,这是正向思维过程;有的小组探究的乐器是古筝,学生则是通过古筝与尤克里里的发声原因进行类比,首先形成一个结果的预判,然后通过实验进行证明,最终得出结论,这是反向思考的过程。充分的交流与倾听,激发学生从学到思,再从思到学,展现了思维的发展,最终实现智慧的逐级放大。平等对话得到充分保障,学生自信得到充分培养的课堂文化伴随着信息技术的融入悄然形成。

(3) 信息技术促成"以评促学"和触发有效的学习反思

"评价先行",引领目标达成。从知识、实践、操作、表达和情感等维度展开评价,设计能体现基于真实情境下问题解决的过程评价表,给学生提供明晰的探究路径和证明自己达到学习任务的预期结果。指向更深层次的"学会如何学习"的评价要求,使得评价与学习保持高度的同步性,为学习活动辅以拐杖。

赛灵格®教学平台提供的师评、生评和个人评、小组评等评价,使学生成为了评价结果的使用者和评价信息的消费者。聚焦于核心素养的学评融合,伴随同伴互评产生的质疑、争辩、论证等交互行为,不仅能促进学习者的反思过程,还能使学生深度参与到活动中来。教学平台的存储功能,达成了学习过程性评价的全程记录和存储。到单元最后,当学生看到平台生成的综合评价雷达图的反馈时,他们又有了新的自我反思,也有了继续朝着更好的方向努力的愿景。

2. 信息技术助力教师教学方式的转变和专业能力的发展

信息技术的助力,让教师在设计教学活动时能有效地实现人员、内容和资源组织上的转变,实现"以学为主线,以学生为主体"。在"问题解决"为特征单元活动的实施中,教师依托信息平台,教学整体性意识提升,课堂调控更加有效,学习引导者的功能定位更加精准。

（1）信息平台实现结构化的活动设计和学习活动的完整性

通过单元教学概况表的梳理和描述，教师在开展核心活动设计时，能以"问题链"为线索，落实活动目标。但在实际教学中，"学跟着教走"的现象也时有发生。赛灵格®教学平台提供的结构化教学进程管理，迫使教师以学习协助者的身份，开放学习活动和展开个性评价。《导体和绝缘体》一课，教师开设了"猜测各种材料的导电性"的勾选活动、"识别导体和绝缘体方法的设计拍照及实验活动"及"实验结果的勾选记录活动"，清晰地以活动模块呈现。在评价表的指引之下，学生即可有序按照模块化的活动设计，自主开展探究活动。信息平台结构化的流程管理，回应了活动设计整体性，同时让学生摆脱对教师的依赖，可以在丰富活动资源的支持下，独立开展阅读、设计和实验，自行解决问题。

（2）信息平台实现即时性的学习进程反馈和教师对课堂的有效调控

赛灵格®教学平台提供自由、多样和普适的教学设计模式，让教师对教学活动的设想可以真实地在课堂中实现。在借助信息平台开展单元设计的过程中，教师活动设计能力、课堂实施能力、评价指导能力综合发展，课程的理解力也在不断增强。有了信息平台的助力，利用教师端收集到学生学习过程的资源，教师对学生活动真正做到心中有数，并及时地提供更加精准的指导。信息技术为教师关注每个学生提供了空间和时间、机会和平台，保证了每个学生在课堂上学有所得。

（3）信息平台实现发展性思维过程的外显和推动教师学科融合的意识

思维是内在的东西，怎样通过教师的引导将内在的思维过程外显，这就需要教师精准定位学生高阶思维的表达方式。语言表达是最直接的呈现，小组内的交流分享是锻炼表达能力的重要方式，同伴的思考、想法和评论等都可以触发更多深度思维和创新思维的火花。当学生思维的迸发与语言描述能力不对等时，教师需要为学生的表达提供支架，可以是句式的引导，也可以是同伴的示范。思维过程的展示，除了语言表达之外，还可以是作品呈现、图画等多种方式。信息技术的赋能，让思维外显的方式更加多样。教师借助信息技术充分调用学生各个学科的知识与技能，让学习思维逻辑有序表达，这对教师活动设计能力和教学指导能力提出了更高的要求，无形中要求教师从融合的角度设计和实施教学。

五、思考与展望

回顾一年的实践研究,我们体会到了信息技术加持下以"问题—任务"组织教学内容对于教学方式变革的作用。看到了教学方式变革的可能性,感受到了教学方式变革的必要性。同时,也感到让信息技术更好地融入课堂,服务于学生的学和教师的教,是一个值得深入学习和研究的课题。

在教学方式变革的大背景下,教师如何转变观念,以统摄性的核心概念为组织结构,设计具有跨学科性质的大问题,引导学生成为课堂的主体,组成团队,共同解决问题,是一个需要长期、持续、不断实践的过程。

期待技术可以更好地为学生个性化的学习服务。对接传统、链接未来,是我们对未来教学的展望。

参考文献

［1］赵伟新.单元视角下小学自然课堂教学设计的研究与实践［J］.上海教育科研,2021(5):78-82.

［2］姚志明.信息技术与小学科学课程整合的探索［J］.科技信息(科学教研),2008(19):282.

［3］刘晓棠.巧用现代信息技术与小学科学教学的整合［J］.科学咨询(科技·管理),2018(7):121.

［4］段跃辉.信息技术在小学科学课堂教学中的运用［J］.中国新通信,2015(23):82.

［5］熊永奇.信息技术在小学科学教学中的应用探究［J］.科学咨询(科技·管理),2018(9):114.

［6］吴小艳.新课程标准下小学科学课程与信息技术整合的研究［D］.南昌:江西师范大学,2005.

［7］潘晓波.信息技术融入小学自然课堂活动的思考与实践［J］.上海课程教学研究,2020(6):31-35,80.

［8］李晓霞.小学科学"主导—主体"教学结构的构建［D］.济南：山东师范大学，2012.

第二部分　实践案例①

一、案例背景

深化课程改革，需要坚持立德树人和以人为本，需要探索多样化课程、个性化培养、实践性经历，需要持续探索教学改革。教学方式的变革是深化课程改革的突破口，信息技术是深化课程改革的助力器。开展单元整体教学是实现课堂教学转型的重要途径之一，从教中心转向学中心，为学生的需求而教。

对照《教学基本要求》，发现科教版《自然》四年级第一学期第八单元《声音与振动》并未涉及声音高低变化的内容，教材所呈现学习活动形式也有优化的空间。因此，以课标为纲，围绕"声音是如何产生和传播""声音的轻响和高低变化与什么有关""如何预防噪声污染"等与知识目标匹配的单元核心问题，设计了"探秘乐器发声原理"这一单元大任务（如表 3－3 所示），引导学生应用单元所学的知识与技能探究乐器发出轻响、高低不同声音的原因。同时，将教材《声音与振动》单元和自由探究内容进行重整，将单元内容调整为 6 个课时：《声音的产生》《声音的传播》《不同的声音①》《不同的声音②》《探秘乐器发声的原理①》和《探秘乐器发声的原理②》。重组后的单元，以"问题—任务"为特征开展教学，融合多学科模式，依托信息平台的支持，以探秘身边乐器发声的原理为单元大任务，以问题解决为导向，激发学生学习的源动力；以交流展示为成果，展现学生探究的全过程，实现学生多样的学习体验和丰富的学习经历，从而促进

---

① 执笔人：张静娟（上海市徐汇区徐汇实验小学）.

教学方式的根本变革。

表3-3 单元教学概况一览表("检测学习结果"部分)

检测学习结果	
单元学习大任务	单元其他学习评价
【任务】探秘乐器发声的原理 【要求】 ① 以小组为单位 ② 选择一种乐器为研究对象 ③ 就研究对象能发出轻响、高低不同声音的原理,利用平板电脑、数字化测量工具等手段与方法开展科学探究 ④ 完成研究报告,并在全班展示与分享 ⑤ 能用选择的乐器弹奏出乐曲(体现与其他学科的融合能力)	【维度】 知识、实践、技能、表达、情感等 【方式】 学生自评重点学习活动,教师关注学生课堂表现 【反馈】 利用赛灵格平台反馈学生个体的单元学习结果

二、案例主体

探秘乐器发声的原理

(一)研读基本要求,明确课时目标

本节课的教学内容属于《教学基本要求》主题8"能与能的转化"中"声"的内容,学习内容和学习水平为"知道振动幅度的变化会改变声音的轻响、振动快慢的变化会改变声音的高低"。在分析教材和学情后,制订如下的教学目标:

1. 通过"探秘成果汇报"活动,运用所学知识解释一种乐器发出不同声音的原理,提高合作能力,养成认真倾听的习惯,有对同伴的交流做出针对性点评的意识,提高科学思维和表达表现的能力。

2. 通过"单元评价交流"活动,能主动总结单元学习的收获,养成反思与改进学习的习惯,体会团队协作的重要意义。

同时,确立本课的教学重点是交流乐器发声的原理;难点是尝试用所学知识解释乐器发声的原理。

（二）核心问题引领，创新活动设计

本节课运用信息技术开展教学，为学生创设充足的表达表现的时间和思维发展的空间，以核心问题"为什么乐器能发出不同的声音呢？"引导学生选择身边的一种乐器，运用所学的知识与技能，探秘乐器发声的原理，提高学生高阶思维和表达表现的能力。声音看不见、摸不着，数字测量工具可以为学生突出学习重点和突破学习难点而服务。信息平台的引入，降低了学生采集、汇总和呈现数据的难度。在利用信息技术进行体验的同时，学生感受科学技术的魅力，在收获知识的同时，更是提升了综合能力。

活动一：探秘成果汇报

在探秘成果汇报的过程中，以小组为单位，展示、交流所探究乐器发声的原理，利用评价表引导各个小组认真倾听，并对展示小组进行有针对性的评价。

教师：同学们如果依据评价表上的要求进行展示交流，就能为小组获得相应的星星数。开始我们的探秘成果汇报会吧。哪个小组愿意先上台展示交流呢？

（第八小组汇报交流）

学生1：我们研究的对象是铝片琴，它有八个长短不一的琴键组成。为什么这些琴键会发出高低不同的声音呢？首先，我们依次敲击铝片琴上的各个琴键，并且记录下声音振动频率的快慢，这就是我们实验的过程。（利用平板电脑调阅前几节课的学习资料）

学生2：通过这次实验，我们发现铝片琴的琴键越短，振动频率就越快，发出的声音就越高；琴键越长，振动频率就越慢，发出的声音就越低。

学生3：这和我们之前研究过的尤克里里的原理是一模一样的。尤克里里的弦越长，拨动它时，它的振动就越慢，发出的声音也就越低；弦越短，振动的频率就越快，发出的声音也就越高。这两个例子，让我们知道了大部分乐器琴键或弦的长短和它的声音高低有密切关系。

教师：下面，请同学们先给第八小组进行评价。

学生：我们给第八小组3颗星，他们在展示交流时语言通顺，声音响亮，而且运用我们之前所学声音的知识来解释铝片琴发出高低不同声音的原因。

教师：第八小组能第一个为大家交流展示，落落大方，勇气可嘉。老师为你们的大胆自信先加一颗表达星。你们小组也能够结合评价单上的要点有理有据地对小组进行客观评价,真棒!老师要为你们小组再加一颗表达星。

以小组为单位交流乐器探秘成果,学生有了充足表达表现的时空。在汇报过程中,有同学利用平板电脑调阅前期的学习资料,有同学负责介绍乐器发声的原理,有同学负责演奏乐器,小组成员各司其职。同时,信息平台提供了实时评价的机会。在展示小组完成交流后,其余小组对其的实时评价可以呈现在大屏上。其余小组说出评价的理由和依据,提升学生对同伴做出针对性点评的意识,也提高了学生表达表现的能力。教师不仅可以给小组和小组中的个人,通过加星的方式进行评价,还可以以弹幕的形式呈现在大屏上,激发了学生学习的热情度。

活动二:单元评价交流

在《声音与振动》单元的学习中,引导学生从知识、技能、实践、情感和表达等维度进行自评。在本单元 6 个课时的学习后,自动生成单元学习的雷达图(如图 3 - 2 所示),学生可以利用个人账号通过平板电脑登录查阅。

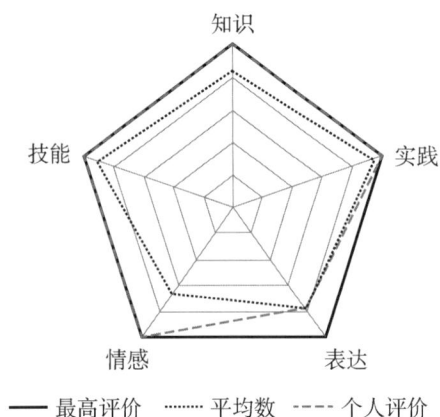

图 3 - 2　学生单元学习雷达图

—— 最高评价　……… 平均数　---- 个人评价

教师:通过这一单元的学习,同学们不仅收获了知识,更是在技能、实践、情感和表达等方面有了一定的提升。这张学习雷达图是我们班某一位同学在本单元的学习情况。下面,请每一位同学登录平板电脑查阅自己本单元的学习情况。

学生 1:在看了雷达图后,我发现自己在技能方面还没有达到班级的平均水平,需要继续努力。在其他方面,做得还比较好,但还有继续进步的空间。

学生 2:我在表达方面超出了班级的平均水平,因为在整个单元的学习过程中,我们小组和我都能积极参与到各个活动中并大胆地进行交流表达。

学生作为评价结果的使用者和评价信息的消费者,收获综合学习评价雷达图的反馈情况。通过对比个人与全班平均值以及最高值之间的距离,学生有了自我反思,便于拾遗补阙,从而明确今后的努力方向,也激发对后续单元学习的热情。

三、案例反思

依托信息平台展开教学,以无纸化方式创建、实施各类学习活动,提供及时的反馈,在课堂上实现了教师与学生真正意义上的交流。全新的教学方式为师生打开了一个充满活力的窗口,促进了教学方式的转变,实现教学目标最优化。

(一) 改变教的方式,提升教学能力

信息平台提供了自由、多样和普适的课堂教学设计模式,教师从过去单纯考虑"如何教"转变为如何利用信息技术启发、诱导和引领学生"如何学"。教师的主导作用由"幕前"转到了"幕后",使教师的主导和学生的主体更加协调。在探秘成果汇报会上,教师转变为学生学习的组织者,给予学生充分的表达和表现时空;教师转变为学生学习的引导者,为学生搭建学习任务单的支架,提供思考的坡度,突出评价对学习的促进作用。教师利用信息平台创建学生互评表和教师评价表,通过学生的互评和教师的及时点评,自动生成一节课完整的评价汇总表,帮助教师进行课堂总结和反馈。在信息技术的支撑下,学习评价指向了更深层次的"以评促学",使得评价与学习保持高度的同步。

依托信息技术,教师从"教学内容的授予者"改变成"支撑学习的教练"。课前,教师需要做好教学时间、内容和过程的调控;课中,借助教师端即时查看学生完成活动的进程,并作出适切的评价,提供及时指导与反馈;课后,保留实施课程的实施数据和模范样本,便于今后重复使用和重新规划。在实践的过程中,教师立足单元视角解读教材的能力、深度分析学生的能力、教学重难点突出与突破的能力、反思课堂教学的能力以及巧用信息技术的能力等都得到了提升。

(二) 转变学的方式,发展综合能力

借助信息技术创设自主、合作、探究与实践的学习环境,学生各方面综合能力都得到提升。

1. 语言表达能力：借助平板电脑上的互评表，汇报成果的小组能依据一定的规范句式进行交流表达，互动点评的小组也能依据评价要求点有理有据地进行点评交流。通过有句式的规范和引导的交流，学生语言交流与表达能力得以提升。

2. 社会适应能力：信息技术可以为学生提供安全平等的学习场景。从问题的产生，方案的设计、实施，探究结果的展示与交流，倾听和表达等整个探究过程中，学生从独立思考到小组讨论继而到全班分享交流，树立倾听意识，有效解决组内的认知冲突，建立并维护小组成员之间的彼此信任。有效的合作学习满足学生全面的社会需要，强化学生与环境的交互，有效促进学生心理机能和社会交往能力的发展。

3. 跨学科综合能力：在探秘成果汇报会中，学生从教学平台中调阅出前几课所采集的视频、图像和数据等信息作为解释现象和分析问题的依据。在收获科学知识与技能的同时，学生也提高了信息意识和能力。同时，学生通过现象透视本质，理解"抽象"，形成数据获取、分析和知识构建的能力，促进思维的深度发展。

自主合作，深度参与；多元记录，证据说话；自主管理，改进学习等都是信息技术带给教学的优势。学生从过去枯燥的"要我学"转变成"我要学"，由"被动接受"变为"主动探索"。在本节课中，学生落落大方的交流表达能力，善于合作的科学探究精神，勤于思考的思维发展品质，规范有序的良好学习习惯等方面都得到了综合提高。

信息技术创造多样化的学习环境，给教学带来前所未有的挑战，促进了教师"教"的方式和学生"学"的方式的转变，这不仅是教学方法的一种改进，更是教学观念的变革。将信息技术融入课程，是实现课程价值和丰富学习经历的重要手段，是实现个性化教育的可行路径，是促进教学方式变革的时代标志。

数字化实验融入的小学科学与
技术学科学习活动的设计与实践

项 目 主 持　沈慧丽

项目实验校　上海市虹口区广灵路小学

项 目 组 长　许海彬

项目组核心成员(按姓氏拼音排序)：

　　　　　陈婷婷　胡　超　陆璐露　潘远新　许海彬

　　　　　余　琦　朱　钰　朱　赟

一、研究背景综述

　　科学与技术课程的学习具有实践性和操作性,最让学生感兴趣的学习活动就是"观察"和"动手做"。小学科学与技术课程的学习活动,需要教师引导学生开展探究。科学探究是获取科学知识的主要途径,也是通过多种方法找寻证据、运用思维解决问题的过程。科学探究可以使小学生体验到探究的乐趣,获得自信,习得科学知识和科学方法,形成正确的思维方式。学生在"探究"的过程中依照科学研究的基本程序和规范行事,使自己经历一个真实的探究过程,并在这一过程中形成对科学探究的合理认识,形成科学探究的基本方法,养成科学探究的基本素养。科学探究是结合实际问题,动手与动脑相结合的过程,具有体验性和过程的完整性,教学中无法用简单的讲授来开展,其所依托的应该是现实的、有效的探究活动。

　　随着课程改革的深入,探究活动在小学科学课程的教学之中,已经受到了较为普遍的重视,教师对科学探究活动的重要性已有了较为深刻的认识,但在实际的教学中,有效的探究活动仍较为缺乏,仍需广大教师发挥主观能动性,挖掘和创造科学学习的资源,寻找更有利的实验工具来支撑,以优化学习活动的设计与实施,实现科学与技术学科教与学方式的变革。

　　数字化学习手段和方式已经开始不断渗透入学校和课堂,科学与技术学科在进一步深化上海市小学"基于课程标准的教学与评价"的实践研究过程中以数字化实验为切入点,通过应用"DISLab 系列实验传感器"及其配套软件开展教学研究,发现其操作

[①] 执笔人：许海彬(上海市虹口区广灵路小学),沈慧丽(上海市教育委员会教学研究室).

方便、读数直观、数据丰富，是适合小学生开展科学探究的工具，能支持小学科学与技术教学内容的实施，为学习活动提供强有力的支持。由此，项目组开展了数字化实验融入的小学科学与技术学习活动的设计与实践研究，探索如何借助数字化实验系统，优化科学与技术的学习活动来促进科学与技术学科教与学方式的改变，从而促使学生学科核心素养的提升。

二、研究目标与内容

（一）研究目标

本项目研究的目标是通过将数字化实验融入小学科学与技术的学习活动中，以优化科学探究的过程，促进科学与技术教与学方式的变革，实现学生的"做中学"和跨学科解决问题的体验，从而促使其学科核心素养的提升。

（二）研究内容

研究的内容包括：

1. 梳理科学与技术学科教学内容，找到可融入数字化实验的探究内容。
2. 选择部分单元作为研究重点，开展数字化实验融入的学习活动设计与实施。
3. 总结并提炼小学科学与技术数字化实验融入的学习活动设计的策略。

三、研究方法与过程

（一）研究方法

1. 行动研究法

开展基础研究，调查实验室环境资源及工具包、资源包，梳理出教材内容中可以用数字化实验来优化学习活动的可生长点,选择部分单元教学内容作为研究重点,设计基于数字化实验的教学课例,开展实践研究。

2. 观察法

制定学生课堂行为观察表和教师行为观察表,对学生参加教学活动的各方面表现和教师行为进行观察,记录教与学方式的情况以及学习活动的实施效果。

3. 调查法

通过对学生和教师开展访谈,调查师生开展学习活动的感受,对学习活动设计的实施进行分析和调整。

4. 比较研究法

分别用数字化实验和传统实验实施课堂教学,开展同课异构的课例研究,对学生学习效果进行跟踪分析。

(二) 研究过程

1. 梳理探究内容,确定研究重点

以小学科学与技术教材为基础,基于课程标准,列出小学科学与技术学科一至五年级的活动内容。结合数字化实验系统的功能,梳理出小学科学与技术学科适于用数字化实验开展的学习活动共 44 个,其中涉及教师演示实验 20 个、学生自主探究实验 24 个。

按照年段以及教学内容模块两个维度进行整理后发现,适用数字化实验的学习活动主要集中在三至五年级,一、二年级仅有少数涉及演示实验和个别学生探究活动;适用数字化实验的内容主要会用到的传感器有:"力传感器""电压传感器""电流传感器""温度传感器""压强传感器""pH 传感器""声波传感器""声级传感器"等。

本项目聚焦"力传感器""电流传感器"涉及的单元模块开展重点研究。

2. 研制工具量表,观察教与学方式的变化

设计三个工具量表:《小学科学与技术学科课堂教学学生活动记录表》用于记录学生在课堂中的参与度、行为表现;《小学科学与技术学科课堂教学教师行为观察记录表》用于记录教师课堂中的教学行为;《学生合作情况观察记录表》用于记录课堂中小组合作情况。这些工具表易于操作,以记录量化数据为主,对课堂组织方式、认知方

式、活动方式的研究提供有效支撑。

3. 设计学习活动,促进教与学方式变化

小学科学与技术学科对于单元教学设计、课时教学设计有一定的规范和流程,在日常教研的过程中贯穿始终,在此不再赘述。本研究的设计重点是应用数字化实验系统开展学习活动,尽可能让学生体验科学探究的完整过程。

通常教学会通过创设情境、围绕任务或问题,让学生经历作出假设、设计方案、实施方案、得出结论、交流评价等环节。数字化实验的融入较好地保障了学生在"实施方案"时搜集证据、处理信息的效率,从而让他们在有限的课堂时间内,能相对完整地经历科学探究的过程。

为此,在探究活动设计时,项目组列出每个环节的实施流程,每个重要环节都有其设计意图。实施时基于三个工具量表进行观察,考查其是否实现了设计意图,效果如何。

4. 开展课堂实践,分析数字化实验融入的学习活动

学习活动的设计与实践研究必须将研究重点落实在课堂实践中。在前期整体梳理和研制工具的基础上,项目组采用同课异构和内容重组两种方式进行研究。

同课异构主要是针对同一教学内容,分别采用数字化实验和传统实验两种方式进行教学,比较数字化实验和传统实验的教学效果,分析各自优缺点。比如,对三年级《长长的引桥》一课开展同课异构,该课的探究活动中两个实施班的学生分别使用弹簧测力计和数字化实验系统的力传感器完成实验。为了对比研究的公平性,采用同一个学校同一年级两个班的学生作为课堂实施的对象,除了该探究活动的工具不同,其他教学环节尽量保持一致。比如两者都使用步进电机拉动小车代替手操作,让小车匀速运动,避免手动实验速度的不可控性。教学完成后,项目组基于工具量表的分析和对学生、教师的访谈,对教学方式以及教学效果进行了对比分析。

内容重组主要是针对同一模块的教学内容,采用同一种传感器,将不同年段的教学内容放在一起开展学习活动设计的研究。比如,将小学科学与技术四年级第二学期的《导体与绝缘体》、五年级第二学期的《电池》两个课时开展连续研究,项目组对该两个课时的学习活动进行设计和实施,通过对同一学校四、五两个年级各一个教学班的连续教学,分析不同年级的学生对数字化实验的接受程度,从而进一步研究如何提升

数字化实验的学习效率。

5. 优化学习活动，提炼数字化实验融入的学习活动设计策略

通过多次的课堂教学研究，项目组积累了一定的案例，通过对相关数据的汇总和分析发现，数字化实验有针对性地突出了观察、建模、抽象、应用四个实验环节。实验数据的记录大量使用表格、图线等方式，提升了学生对科学探究本质的认识，学生参与的积极性很高；同时，数字化实验提高了实验精度，促进定性实验向定量实验的过渡，有效提升学生对科学实验严谨性与规范性的认识。

数字化实验的融入给科学与技术学科的教与学带来了改变，学生自主活动和合作学习的时间明显增加了，课堂组织以"做中学"为主，师生对课堂的满意度也提高了。

通过分析，针对数字化实验在小学科学与技术教学中的优势，在后续研究中对教学活动的设计进行了部分优化。一是增加实验的次数，对同一实验增加更多数量的实验次数，提升实验数据的数量和质量，帮助学生养成实事求是的科学态度；二是拓展实验范围，师生在保证课堂实验的基础上积极开发日常生活中的小实验，不断将科学教学与学生生活相联系；三是将实验设计、制作和组装、调试和操作、测量有机地结合起来，强调学生自主实验和自主探究，凸显学生的自主学习。

回溯研究目标，分析数据，剖析案例，项目组针对数字化实验融入的学习活动设计得到了一些经验，从而形成一些利用数字化实验的优越性助力小学科学与技术学科教学的策略。

四、研究结论

（一）数字化实验融入的小学科学与技术学科学习活动设计的流程

数字化实验融入的小学科学与技术学科学习活动设计与小学科学与技术学科的一般学习活动设计一样，主要分为确定活动内容、制定活动目标、设计活动实施要点三个步骤。设计活动实施要点时，注意情境的创设、问题或任务的提出，思考每个环节的设计意图和实施流程（详见"实践案例"）。在设计数字化实验融入的学习活动时，因为

加入了数字化实验,还需要教师考虑:

(1)学生初次使用数字化实验或使用其中的某个传感器时,要设计学会使用数字化实验系统(或某传感器)的教学目标;

(2)设计的学习活动是否确实优于用传统实验实施的教学。

(二)数字化实验融入的小学科学与技术学科学习活动设计的策略

1. 从"简单化"到"形象化":提升学生的学习兴趣

俗话说:"百闻不如一见",在科学与技术学科的学习活动设计时,教师可充分利用数字化实验的直观性,让学生"看到"现象,在学习过程中通过直观的视觉体验加深学生对知识的理解和记忆。

声音的轻响、音调的高低,这两个内容由于受到实验条件的制约,多年来只能采用教师口授、学生耳听或者播放相关视频资料的办法来获取。该内容的获取如果采用数字化实验系统的声波传感器情况则不同了。比如,组织学生以小组为单位,用自带的"竖笛"这一乐器,开展两组对比实验。用声波传感器测量,一是吹同一音高的声音,但是注意控制笛音的轻响不同,观察实验图像的不同;二是注意控制笛音的轻响相同,吹出不同音高的笛音,观察实验图像的不同。学生在观察过程中还可以利用软件将不同声波产生的实验图像进行拍照截图,以便在交流的过程中为自己的观点提供依据。通过这两组对比实验,学生第一次用肉眼"看"到了声音,了解了声音的轻响、高低发生的变化,建立了有关声音的直观概念,也激发他们对声波进一步研究的兴趣。

在数字化实验融入的探究活动中,呈现给学生的不仅仅是简单的数据,更是想方设法通过形象化的图片让学生对所学的知识形成直观、深刻和生动的形象,这是新课程改革理念下有效教学的一种重要思路,也是提升学生学习兴趣,培养学生科学探究好奇心的重要方法。

2. 从"小数据"到"大数据":丰富学生的探究体验

数字化实验有敏感性强、数据采集快、重复性好的特点。在学习活动的设计中,教师利用好数字化实验的这些特点,可以给学生更多的直观感受,在一些探究活动中,用大量的数据说话,让学生"看清"规律,理解规律。

在研究"不同金属的传热本领"这一内容时,以往教学时分别在三根尺寸相同材质不同的金属棒上用蜡烛油等距离地粘贴三根火柴棒,同时对三根金属棒的一端进行加热。由于火柴棒是用蜡烛固定的,蜡烛受热熔化后火柴棒掉落。通过比较每根金属棒上三根火柴棒掉落的先后,比较不同金属的传热本领。实际上,火柴棒掉落的时间还受到蜡滴的大小、火柴的位置等因素的影响,对操作的要求比较高,所以一般由教师事先做好准备并在课堂上进行演示。此外,由于火柴棒比较短小,在教室后部的学生往往看不清楚,能看清的学生其实也只是获得了9个数据而已。而在用数字化实验进行探究的过程中,同样对三根金属棒的一端进行加热,三个温度传感器在金属棒的另一端采集数据,显示温度的变化情况。实验中每秒就能获得一组数据,一分钟内能获得60组数据,这样的活动设计省去了粘贴蜡烛的步骤,操作简单可以由学生完成,并且易于重复操作,每位学生在这个实验中都观察到大量的数据,体验到更为真实的实验变化过程。

数字化实验改变了探究过程中实验数据的获取方式,提升了探究的效率。让学生在更为丰富和详实的数据中体验到科学探究的快乐,从而获得探究的直接经验。

3. 从"重结论"到"重过程":凸显学生的主体地位

数字化实验系统操作便捷,可以让学生在短时间内重复实验,对数据进行分析比对,大大提高实验的效率。这样,课堂能够把更多的时间留给科学探究的其他环节,使得小学科学与技术短短的35分钟课上,学生得以一次次完整地经历科学探究的过程,同时在"做中学"的过程中突出了学生的主体地位。

项目组在开展同课异构《长长的引桥》一课时,其中一个课例使用了数字化实验系统力传感器代替传统实验中用到的弹簧测力计,还使用了电机拉动小车代替传统实验中的用手拉动。电机可以使小车匀速运动,避免了因人工拉动小车速度的不一致导致的实验误差,提高了实验数据的准确性。由于传感器对数据的收集更高效,且能够实时记录并自动计算出平均值,增加了实验的高效性,除此以外还避免了人工读数的误差。借助该实验装置,学生能够通过对比实验,验证他们自己猜测的"高度相同时,斜面越长越省力",并在实验过程中体会对比实验中控制实验条件相同的重要性,形成相互合作的意识。相比采用传统实验的课堂,学生对探究结果的讨论与交流更充分,还能够留有充足的时间进一步开展对于斜面在生活中的应用实例的学习活动。上完这节课,学生的收获不仅仅是知道了"高度相同时,斜面越长越省力",而是完整地体验了科学探究的全过程。

有必要让学生在探究活动中体验到学习的全过程,了解获得知识的基本方法,从而不断提升其科学素养,树立正确的科学观和世界观。从某种意义上说,这种探究的过程,正是学生自我构建的过程,是学生主体性发挥的过程,也是学生成长的一种必要的经历。

4. 从"定性"到"定量":选择合适的实验手段

数字化实验的融入,使很多实验从原先只能定性地进行比较,变成了可以定量地测出数据。对于小学生的探究活动来说,虽然并不是都要求测得精确的数据,但是看到数据和只感受到存在变化是完全不同的体验,教师在设计教学活动时,可以根据实际情况选择用哪种实验手段来让学生开展探究活动。

比如五年级《电池》一课,水果电池的制作虽然不难,但是由于其产生的电流比较微弱,难以检测。以往教学中常常使用发光二极管来定性地检测水果电池,但是即使让学生把多个水果电池串联起来,效果也不明显,而且发光二极管的连接还要求正确连接正负极,这对小学生来说要求是比较高的。教师们还尝试将水果电池的正负极连接到耳机上,指导学生通过观察耳机内发出的微弱声音来检测成功与否,这个方法可以定性地得出水果电池有无供电,但是有时会受到外界干扰,且耳机内发出的声音是较微弱的、不规则的,学生难以感受到实验成功的喜悦。如果将电流传感器用于检测水果电池的制作成功与否,结果就非常清楚了。通过可视化观察界面,学生可以比较清晰地观察到水果电池在电路中所产生的电流,这大大激发了学生探究的兴趣。而且电流传感器的精度较高,可以清晰地看到电流值的变化,学生通过利用电流传感器的测量,来检验"改进自制水果电池"的效果。

但是,并不是说所有定量测量的实验绝对都比定性测量的实验好,教师在教学中要根据具体情况判断,如果在上述案例中定性测量的效果不理想,则考虑数字化实验融入学习活动,让学生看到数据来优化实验效果,而那些实验效果已经很好的定性测量的传统实验,当然应该被保留。

5. 从"单一性"到"多样性":增强学科间的联结

学生在参与数字化实验融入的科学与技术学习活动时,相比传统实验,要付出更多的学习时间,他们要学习计算机设备的调试、软件的使用、传感器的连接、数据的采集、结果的分析等各方面的知识。那么将课堂中有限的时间用在信息技术方面是否妥当呢？从科学与技术学科出发，借助数字化实验设备，学生采集的数据数量提升了，数据的质量也提升了，因此数字化实验极大提升了实验效率，降低了学生获取数据的操作难度；从信息科技学科出发，该学科也较为强调将所学的知识技能应用于实际生活场景中，解决实际问题，因此学生在数字化实验的学习过程中会潜移默化地接触并掌握信息科技领域的知识和技能。更为重要的是，学生在完成数字化实验的过程中学习兴趣浓厚，参与度非常高。

事实上，项目组在开展活动设计和实践的研究过程中，还有意识地设计跨学科的综合性探究活动。比如设计《声音》一课的教学时，让学生采用"竖笛"这一学生容易上手的乐器作为实验器材，在课后也拓展了一部分乐器的知识，使得学生在科学课上得到了美育教育。又如设计《热辐射》一课时，教师让学生自己挑选一组对比颜色进行探究，同时让学生查一查相关知识，学生得以在探究的过程中，初步接触到"三原色""色彩理论"等美术学科相关知识。而正是得益于数字化实验的高效便捷，科学与技术的课堂才能在有限的时间内将跨学科的知识让学生得到体验。

五、思考与展望

数字化实验融入科学与技术学习活动的探索，是借助先进数字化设备不断丰富和改善科学探究活动的数量和质量。在实践过程中，不同教师凭借自身的经历和经验，不断在尝试的过程中创造性地运用数字化实验，从而不断生成一些经典的探究活动和案例。不同的课堂中，教师们尝试了对学生的不同分组方式、以问题式任务式地设计课堂探究活动，这些案例的不断生成，亦能产生出对同一教学内容及教学目标不同的达成途径，教与学的方式就在数字化实验融入的学习活动中悄悄地发生了变化，这对于丰富小学科学与技术课程实施载体具有积极的意义。

"工欲善其事，必先利其器"，数字化实验无疑是小学科学与技术教学活动之利器。但是作为一种新的教学方式，也势必存在一定的弊端和缺陷，同时，并非所有的授课内容都适合用数字化实验。因此，在进行相关实践研究的过程中，并非要以此来替代所有的传统教学手段和实验设备,而是希望数字化实验融入的学习活动能成为小学科学与技术教学中一个很好的补充,其根本目的是促进学生进行"自主、合作、探究"的学习过程。也就是说哪种学习手段对学生更为有利,我们就应坚定地选择哪种。

此外,开展数字化实验对一所小学来说,受到许多方面的制约,除了添置相关的设备之外,对相关教师的培训也尤其重要。不单是要让教师掌握相关设备的操作,更重要的是转变教师的教学理念,把时间还给学生、把机会留给学生、把完整的科学探究活动让给学生。

参考文献

［1］上海市中小学(幼儿园)课程改革委员会办公室.上海市小学科学与技术课程标准(征求意见稿)［M］.上海:上海教育出版社,2006.

［2］上海市教育委员会教学研究室.上海市小学科学与技术学科教学基本要求(试验本)［M］.上海:上海教育出版社,2018.

［3］中华人民共和国教育部.义务教育小学科学课程标准［M］.北京:北京师范大学出版社,2017.

第二部分　实践案例①

一、案例背景

科学探究需要围绕已提出和聚焦的问题设计研究方案,通过收集和分析信息获取证据,经过推理得出结论,并通过有效表达与他人交流自己的探究结果和观点。

小学科学与技术学科的教学,有必要让学生在学习活动中不断经历这种以证据为

---

① 执笔人:陆璐露(上海市虹口区曲阳第四小学).

基础,运用各种信息分析和逻辑推理得出结论,公开研究结果,接受质疑,不断更新和深入的过程。

然而,在一些科学探究活动中,有时会出现学生操作有困难、实验时间过长、实验数据误差大等方面的问题,导致学生在有限的课堂时间内无法充分经历有效探究的过程。这就要求教师精心设计教学的各个环节,尝试以数字化实验系统助力学生的学习活动,引导学生自主探究和实践。

二、案例主体

长长的引桥

一、教材及学情分析

(一)教材分析

《长长的引桥》是上海教育出版社九年义务教育课本《科学与技术》第五册第三单元第三课时的内容,本节课虽然隶属于"物质与材料"模块中"工程与设计"主题中的桥梁学习内容,但是其内容构成还包含有"运动与机械"模块中有关结构方面的知识。本节课在前两节课《做纸桥》《桥的承重》的基础上,针对桥梁的重要组成部分"引桥"进行实践探究,在教材中,以探究同一高度下不同长度的斜面省力情况为主,让学生发现高度相同时,斜面越长(平缓)物体向上移动越省力。

由于很多学生是第一次接触斜面,他们并不清楚斜面可以省力,在此增加了一组探究实验,先通过对比实验说出使用斜面可以省力,然后再进一步探究"高度相同时,斜面越长越省力",并在探究实验的过程中培养学生注重证据、合理判断的意识。

(二)学情分析

本课的授课对象是三年级学生。首先,通过前几课的学习,学生对于桥梁的基本结构已经有一定了解,知道桥梁的主要结构有桥面、桥墩和引桥,且对桥面的承重进行了探究。其次,学生见过一些生活中斜面的应用,但对斜面的作用并不清楚,他们对于引桥其实就是斜面的一种应用并不清晰。此外,对于刚步入三年级的学生而言,尝试设计对比实验并在设计实验时考虑控制实验条件不变,有一定的难度。因此,本节课教师将主要指导学生进行实验的设计和注意事项的完善,让学生在设计和实践中感悟控制实验条件不变是确保对比实验数据准确的重要因素。最后,本节课中学生将小组合作,借助数字化实验系统完成探究。由于学生是第一次使用该系统,因此,教师在示范实验时需说清使用注意点,并在学生实验时进行巡视和细致地指导。

二、教学设计与实施

(一)教学流程的确定

本节课有两个需要研究的问题:"斜面是否可以省力?""当高度一样时,不同长度的斜面省力情况是否一样?"围绕这两个问题开展的科学探究的基本路径是一致的,都是从提出问题开始,经历猜测、设计实验方案、实施实验方案、收集数据、分析数据等过程,最后得出结论。设计教学流程如图3-3所示。

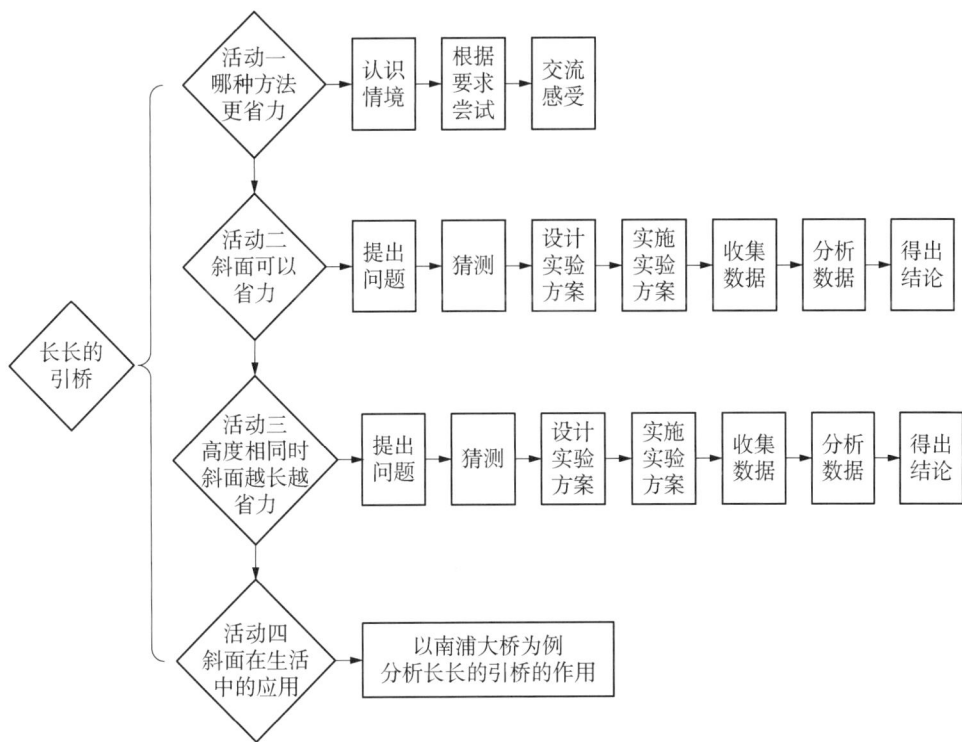

图3-3 《长长的引桥》教学流程

（二）教学过程的设计

1. 创设情境，交流感受

活动一：用哪一种方法将重物搬到桌上更轻松？

教师出示一袋重物和一张桌子，说明活动要求后邀请一位学生分别用直接将重物从地上搬到桌子上和借助斜面将重物搬到桌子上这两种方法，感受用力的区别并将感受告诉同学们，初步发现使用斜面可以省力。

【设计意图】

通过创设情境的方法能够快速吸引学生的注意力并切入本节课的研究主题，除此以外，这样设计引入环节的原因还有以下几点考虑：

（1）给学生设计对比实验搭建"脚手架"。三年级的学生对于对比实验的设计有过一定的经验，但还不熟，在没有任何提示的情况下独立设计完整的实验存在一定的困难，因此，教师借助引入环节的体验活动，给学生在后续设计对比实验搭建"脚手架"。

（2）初步体会"感受"作为证据的不充分性。在引入环节的这个体验活动中，这位学生主要是通过感受来粗浅地判断两种方法用力的区别，存在片面性，且个人的感受对其他同学来说是看不见摸不着的，因此要作为推断结论的证据是不充分的，为后续借助数字化实验系统测量收集数据，分析数据得出结论，感受"证据"的重要性埋下伏笔。

2. 引入数字化实验，感受证据的重要性

活动二：斜面可以省力

教师通过抓住"那么是不是像这位同学所感受的这样，使用斜面后可以省力呢"这一问题，引入数字化实验，并引导学生进行对比实验的设计，随后教师根据实验方案实施实验，并讲解数字化实验系统的操作方法，收集完数据后，引导学生基于数据（证据），得出结论，知道使用斜面可以省力。

【设计意图】

（1）通过提出"那么是不是像这位同学所感受的这样，使用斜面后可以省力呢"的问题，引导学生发现根据他人的感觉作为推导结论的证据并不可靠，应当借助工具，进行对比实验后，收集到更科学有效的数据，通过分析这些数据，从而得出结论，初步养成注重证据、合理判断的意识。

（2）教师在这个活动中采用的是教师演示实验，主要意图在于：第一，教师边进行演示实验边辅助学生完善对比实验的设计（例如两辆小车应该一样重、提起小车的速度应该尽可能一致等）。第二，学生过去没有使用过数字化实验系统的力传感器，因此借助教师演示实验，指导学生如何使用，从而为下一个学生实验打下基础。

3. 借助数字化实验系统，提供证据的支撑

活动三：高度相同时，斜面越长越省力

教师出示三种高度相同、斜面长度不同的情况（图3-4），提出"高度相同时，不同长度的斜面省力情况一样吗"的问题，引导学生进行推测，并在上一个实验的基础上，组织学生进行小组讨论，自主设计对比实验并引导学生关注实验的注意事项，随后实施实验，收集数据并进行分析，同时，在教师的终端处汇集了全班10组学生的数据，最后通过交流分享，以数据作为证据，得出实验的结论：当高度相同时，斜面越长越省力。

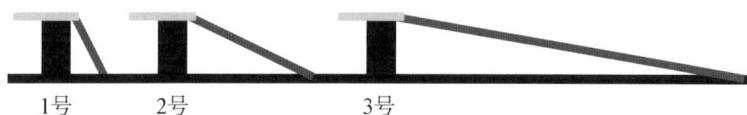

图3-4　高度相同、长度不同的斜面

随后，教师引导学生观察，在10组数据中有一组数据与其他小组有些不同，同样都是100厘米长的斜面，但是省力情况却不一样。在教师的引导下，学生们发现，原来是这一组的高度与其他小组不同，这一组的高度要远远大于其他的小组，教师进一步引导学生，如果要给这个桥面设计一个非常省力的斜面（引桥），该怎么做呢？同学们根据刚刚得出的实验结论说道：可以给这个高度的桥面设计一个更长的引桥，这样就更省力了。

【设计意图】

在前两轮的探究实验中，已经为学生搭建了两次"脚手架"，因此无论是从实验设计，还是实验实施，以及最后的数据分析来看，学生都能够较为规范地进行探究。尤其是借助了数字化实验后，学生能够快速且精确地收集到实验数据，力传感器在15秒的

时间内，每1秒收集一个数据，最终测算出平均值，更好地为学生基于证据合理判断提供了支撑。

除此以外，教师事先在其中一组实验器材上"做了手脚"，将其高度调整为比其他小组要高得多的情况，因而这一小组虽然也得出了这个结论，但数据却与其他小组不一样，在引导学生观察数据不同的同时，也请学生结合数据和实际情况，分析原因，进一步培养学生基于证据合理判断的意识，并为下一个活动做铺垫。

4. 回归生活，分析斜面的作用

活动四：斜面在生活中的应用

出示南浦大桥等图片和相关数据，引导学生发现，在生活中桥面的高度往往是很高的，那么要为这么高的桥面设计省力的引桥该如何做呢？学生根据之前的结论不难发现，需要非常非常长的引桥。随后教师又抛出一个问题，引桥那么长是非常占地方的，又该怎么办呢？通过视频，引导学生发现，可以通过将引桥变形，既能节约空间，又能够省力。

【设计意图】

科学来源于生活，而课堂中学习的科学也最终将归于生活，因此在课的最后，带着学生回归生活，观察生活中真实的斜面应用的案例，并尝试着用课堂上学习到的知识进行分析，夯实科学知识。

三、案例反思

借助数字化实验的课堂，为高效收集数据、提高数据准确性、大量收集数据带来了可能，从而将更多的课堂时间还给学生，教师对学习活动进行了精细化的设计，这有利于培养学生的高阶思维，并进一步培育学生核心素养。

（一）借助数字化实验，有助于培养学生基于证据的严谨科学态度

在本节课的教学中，教师就充分借助数字化实验，培育学生基于证据作出解释和

判断的意识。当然,这样的培育光靠一节课是不够的,应该是在学生小学阶段有规划地进行培育,教师应当多问学生:"你的证据是否有效?""你的证据采集的方法是否正确?""当你的证据与他人不同时应该怎么处理?""单一的证据是否能够帮助你做出判断?"等问题,在教师帮助学生解决这些问题的同时,也正是在培养学生基于证据的严谨科学态度。培养学生基于证据合理判断的意识对其后期形成自己独立见解有很大的帮助。

(二) 借助数字化实验,有助于培养学生使用工具解决问题的意识

《长长的引桥》是本单元的第三课时,在其后面该单元还有一个课时《形形色色的桥》,学生将开展"选择一些材料,自行设计、制作一座桥梁的模型"的实验活动,并且"用自制的桥梁模型和搜集的桥梁图片,布置一个桥梁展示会"。有了本节课使用数字化实验系统进行测量的经验,在制作桥梁模型的过程中,有的学生除了关注设计的美观外,更注重桥梁结构的稳定性和牢固性,他们提出用数字化实验系统来测量和评价自己的作品。在今后的科学与技术学科教学中,教师或许可以更多地引导学生应用数字化实验系统探究实际问题,运用跨学科的知识和方法解决问题。

技艺相融 跨界学习
——小学音乐学科基于现代媒体终端技术的创意实践单元探索

项目主持 席 恒

项目实验校 上海市徐汇区高安路第一小学

项目组长 周佳春

项目组核心成员（按姓氏拼音排序）：

　　　　范佳文　毛彦馨　姚　梅　周佳春

第一部分　研究报告①

一、研究背景综述

音乐学科在"上海市小学基于课程标准的教学与评价"研究的主导下,取得了基于课程标准的目标分解技术,以及"目标导向的单元设计、三类核心活动、学习评价"等一系列阶段性物化研究成果,对基层落实基于课程标准的教学与评价起到了规范、引导和推动作用。

在新一轮深化课程改革的"核心素养"导向下,上海市教委教研室小学教学研究部以"教与学方式变革"作为下一阶段深入开展项目研究的突破口,聚焦课程实施中的重、难点问题并形成新的教研突破点。

音乐学科为有效地推进下一阶段研究,将教研主题确定为"单元视域下技术与资源支持的教与学方式变革"。确定这一研究主题,是为了更好地将课程与教学研究的视角从教转向学,着眼于有利于学生主动参与、深度实践、自主建构、跨界融合的学习方式研究,从而推动音乐学科的课堂改进向着"落实素养"的方向纵深发展。

在这一主旨驱动下,音乐学科从研究试点的需要出发,选择了在学科与跨学科的主题式、项目化学习等"教与学方式变革"研究领域中成效明显的徐汇区高安路第一小学作为项目试验校,并邀请了在信息技术融入学科教学方面较早开展试验并取得一定成效的徐汇区小学音乐学科教研团队共同参与研究,以期望在项目研究过程中形成以点带面的区域、校本经验及成果。

---

① 执笔人:席恒(上海市教育委员会教学研究室).

二、研究目标与内容

（一）研究目标

1. 探索现代媒体终端技术，联系现行小学音乐教材，完成"创意实践单元"的规划与设计。

2. 开展创意实践单元的教学案例研究，形成基于单元实施的"教与学方式变革"的实践策略。

3. 正确理解"创意实践单元"背后所推动的"转变音乐学习方式"的价值内涵，通过主题教研展现项目研究的价值导向，以点带面地推动区域教研和教师对于"教与学方式变革"的课堂改进行动。

（二）研究内容

本研究以现行的 2011 版教育部音乐课程标准中的"创造主题"为课程实施依据，以音乐课堂中创造性学习活动为抓手，借助 IOS 系统中的库乐队软件，联系现行教材自然单元中的音乐作品，探索基于现代媒体终端的创意实践单元设计与实施。研究包括了以下三项主要内容：

1. 依托技术的音乐创意实践内容

这部分主要是基于课程标准中的内容领域，通过探索、研究 IOS 系统中库乐队软件所包含的技术元素及具体内容，完成了创意实践单元内容框架的设计，实现了现代媒体技术和音乐课程内容的"跨界联结"。

2. 联系教材的创意实践单元架构

这部分主要基于 IOS 系统库乐队研究所提炼的"创意实践内容"框架，联系现行小学音乐教材三年级第二学期自然单元，完成了创意实践的单元规划与设计，形成了现代媒体技术和音乐教学内容的"跨界统整"。

3. 适应学情的跨界学习实施思路

这部分主要基于创意实践单元设计所形成的创造学习内容,探索了在情境、任务和支架辅助下的学历案设计,以及技术与资源支持下"自主建构"式的学习方式,凸显了对于从"知识习得➡概念理解➡迁移/应用"的"跨界能力与思维"的追求。

三、研究方法与过程

本项目主要以案例研究与经验提炼为主,辅之以理论文献研究。其过程主要体现在以下三个阶段:

(一) 研究内容框架

高安路一小教研组在本阶段,主要基于 IOS 系统库乐队软件操作技术的研究,结合教育部 2011 版音乐课程标准中"创造"主题的相关内容与要求,以"学习软件界面操作技术"和"理解软件中的创造规则"为目的,构建了基于软件技术的"创意实践内容"框架(见图 3 - 5)。

(二) 探索单元规划

这一阶段,教研组在图 3 - 5 创意实践内容框架研究的基础上,紧密联系现行上海音乐教材三年级第二学期自然单元的作品内容,基于充分的教材教法分析,找到教材作品中音乐表现的关键特征,依据《上海市小学音乐学科教学基本要求》中设定的课程内容与要求,构想了开展创意实践活动的学习内容与要求,找到了软件界面操作技术和教材作品教学之间的联结点,从而构建了"玩转库乐队"的创意实践单元(见表3 - 4)。

软件学习内容		创造规则理解
鼓	智能鼓	"网格"区域中可以放置任意打击乐器,它们的声音呈现以下效果: ①由上至下声音从强到弱。 ②由左至右节奏律动从单一到复合。
	原声鼓	①"原声鼓"界面中,点按鼓件的不同部位会发出不同的声响效果。 ②"电子音乐"组中,单指点按任意乐器图标发出相应的乐器声响,双指按住发出持续不断的声响,并根据指间距大小发出不同速度的打击声效。 ③"电子音乐"组中,单指按住并旋转界面中的"失真深度""挤压""低音、高音截频"旋钮会让乐器声音发生改变。
	节拍音序器	①网格若干个方格形成1小节节奏。例如:默认打开的界面为4/4拍,一行为4拍,每拍4个方格,即每格代表一个16分音符。
键盘	智能钢琴	①"和弦"视图中,由上至下出现该和弦由高到低的声音。其中上方5个分隔为高低不同的和弦声音,下方3个分隔为低音的单音效果。 ②"和弦"视图中的"自动弹奏"功能中,上、中、下三分段会出现不同织体的伴奏音型。其中上分段为和弦和高音一起弹奏的声音,中分段为和弦声,下分段仅弹奏低音。
世界音乐	二胡	①内弦与外弦音高相差五度。 ②"两根弦"的仿真视图中,从左至右出现由低到高的五声音阶。
声音资源库	打击乐手	①单指点按任意乐器图标发出相应的乐器声响,双指按住发出重复不断的声音,并根据指间距大小发出不同速度的打击声效。 ②双指按住并旋转界面中的"失真深度""音调"旋钮会让乐器声音发生强弱、高低不同的改变。
多轨录音		①录音时,软件默认录制长度为8小节,可通过"时间轴"最右侧的"+"增添录音长度。

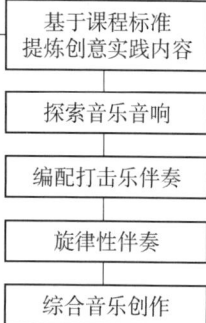

右侧流程图:

基于课程标准提炼创意实践内容 → 探索音乐音响 → 编配打击乐伴奏 → 旋律性伴奏 → 综合音乐创作

图 3-5 创意实践内容框架示意①

表 3-4 三年级第二学期"玩转库乐队"单元规划②

创意实践内容	技术与资源应用	教材内容	单元教学基本要求(有助于提炼课时目标)	三年级教学基本要求标引	单元课时占比(N/X)
探索乐器音效(探索音响)	● 探索"原声鼓"乐器组中不同乐器有强有弱的声音效果。 ● 探索"中国打击乐"	第二单元 乡情《新疆是个好地方》《放牛山歌》	① 知道各乐器组的声音特点,感知不同的触控位置和方式所发出的强	3.1 探索音响 3.1.1①②B 3.1.2①②B	3/8

---

① 本案例研究主体为徐汇区高安路第一小学,由周佳春执笔.

② 将"库乐队"技术融入教材自然单元开展创意表现的学习活动设想及实践源于2020年"空中课堂",由徐汇区小学音乐教研员姚梅指导高安路第一小学完成教学任务。"玩转库乐队"单元规划研究主体为徐汇区高安路第一小学音乐教研组,由周佳春执笔.

创意实践内容	技术与资源应用	教材内容	单元教学基本要求（有助于提炼课时目标）	三年级教学基本要求标引	单元课时占比（N/X）
	组中强弱、高低、长短不同的乐器声音。 ● 探索"二胡"界面，用不同的触屏方式和各种功能键了解二胡发出的各种音效。 ● 探索声音资源库"打击乐手"资源包中的各种音效。	第四单元童趣《小青蛙》《花蛤蟆》《乘雪橇》《猫虎歌》	弱、长短、高低不同的声音效果。 ② 结合教材作品中的形象与情景，借助不同界面乐器所发出的声音展开想象。 ③ 能根据特定的主题或情境，借助软件界面中的各种音效，合作表演音响小品。	3.3 音乐创作 3.3.2①A 1.1 音乐情感与形象 1.1.2①B	
编配打击乐伴奏（音乐创作）	● 使用库乐队软件中"智能鼓"创建打击乐节奏律动为歌曲即兴伴奏。 ● 使用软件中"原声鼓"中有强有弱的乐器声音，根据2/4拍的强弱规律用固定节奏型为歌曲伴奏。 ● 使用"中国打击乐"组中强弱、高低、长短不同的乐器声音为歌曲伴奏。 ● 借助"节拍音序器"编创节奏型的规则和方法为歌曲伴奏。	第一单元春天《春天的歌》《春天来了》 第二单元乡情《新疆是个好地方》《放牛山歌》 第三单元课间《哦，十分钟》	① 为3/4拍、4/4拍两首不同节拍韵律的歌曲进行打击乐伴奏。 ② 用简单的固定节奏型，正确点按屏幕中的乐器或切换伴奏型，按音乐节拍韵律与速度进行打击乐伴奏。 ③ 根据对歌曲乐句的感知与理解，选择不同打击乐声音效果用固定节奏型为歌曲伴奏。 ④ 根据主、副歌旋律特征编紧密、宽松两种节奏型为歌曲伴奏。	3.3 音乐创作 3.3.1①②③A 1.2 音乐要素 1.2.1①②B 1.2.6①A 2.3 演奏 2.3.4C	3/8
旋律性伴奏（音乐创作）	● 借助"智能钢琴"的和弦自动弹奏功能为歌曲弹奏和弦伴奏。	第三单元课间《我给太阳提意见》 第五单元	① 知道和弦自动弹奏的弹奏方法，并用老师指定的和弦，伴随稳定的速度弹伴奏。	3.1 探索音响 3.1.2①②B 3.3 音乐创作	1.5/8

创意实践内容	技术与资源应用	教材内容	单元教学基本要求（有助于提炼课时目标）	三年级教学基本要求标引	单元课时占比（N/X）
		夕阳《黄昏》	② 能为歌曲选择合适的乐器音色以及伴奏音型，弹奏和弦伴奏。	3.3.1①③A 2.3 演奏 2.3.4C	
综合音乐创作（音乐创作）	● 使用"多轨录音"界面中录制伴奏、调整音轨等功能制作音乐。	第五单元夕阳《黄昏》	① 根据歌曲特点，借助"多轨录音"制作伴奏并录制人声演唱的多轨音响。	3.3 音乐创作 3.1.1①②③A 3.3.2①②③A 1.1 音乐情感与形象 1.1.2①B 2.2 演唱 2.2.5C 2.3 演奏 2.3.4C	0.5/8

（三）开展课例实践

基于创意实践单元的建构，项目组开展了课堂教学的案例研究。研究聚焦了2021年度中小学音乐学科教研主题，即"单元视域下技术与资源支持的教与学方式变革"，侧重于如何借助现代媒体终端促进学生音乐学习方式的改变，着力于如何帮助学生在软件技术和音乐艺术的跨界融合式学习中，以探究的方式真正实现认知思维的自主建构和音乐能力的发展、迁移。为此，项目组探索了"学历案"的设计（见图3-6），意图站在为学生规划学习经历的角度，为其探究学习、自主建构提供必要的"支架"，既反映"知识技能的习得"过程，又力求体现"认知过程"的形成和发展。

学习内容	学习支架设计（关键设问+情境与任务+技术与资源支持）			指导与反馈
……	【活动名称】 [关键设问] 1.…… [情境与任务] 1.1…… 1.2……			……
	任务类型	□自主、探究	□协同合作 □听讲接受	
	活动类型	□体验	□表现 □创造	
	[技术与资源支持] 1.环境资源：…… 2.技术资源：…… 3.辅助资源：……			

图 3-6 学历案设计示意

四、研究结论

本研究计划 2020 年初开始，至 2020 年底结束。因疫情无法开展线下实践研究的关系，推迟了半年。但疫情的线上教学和疫情后的线下研究，反而让项目组在与区域教研的充分互动中，积累了更为宝贵的实践经验和典型案例。主要体现在以下几个方面。

（一）跨界学习的内容组织：尊重规律，技艺相融

本项目展现了一个典型的"跨界学习"案例——在单元的设计与实施中，师生均需要对现代媒体技术（IOS 库乐队）进行钻研、探索，也都需要应用软件技术开展音乐审美体验和创意实践。整个学习过程，一头连着信息技术，一头接着音乐活动。在单元学习内容组织中如何把握和跨越"界"线是有效研究的首要前提。

1. 尊重"界"的规律，把握不同领域内容的关键特征

之所以"跨界"，就说明有"界"。每一个学科领域都存在各自独有的内容载体和知识体系，以及学习、理解这些知识的认知逻辑和学习规律。钟启泉教授在提到"深度学

习"时指出：所谓"深度学习"是紧扣学科的本质，数学即数学样式的学习，历史即历史样式的学习，语文即语文样式的学习，音乐即音乐样式的学习，以及超越学科边界的跨界学习。① 因此，当我们在"跨越学科边界"开展学习之前，首先应当尊重学科的"边界"，把握学科的特质。

如图3-5所示，项目组深入研究了IOS系统库乐队软件中各种技术界面的操作方法，从中提炼了基于软件操作的"创造规则"。这些规则反映了软件的运行规律、实操特点，以及通过软件操作可以达成的效果。这些都是开展音乐创意实践活动的重要前提和基础保障。而表3-4中呈现的音乐作品，也都有其独特的音乐风格和表现形式特征，应用软件辅助学习也必须体现、遵循这些音乐作品的基本特点和音乐实践的基本规律。

2. 超越"界"的壁垒，找准不同领域内容的融合方式

既然要"跨界"，就要寻"无界"。"无界"并非说界线不存在，而是要合理跨越、自然融合。库乐队本身就是一款为音乐而开发的软件，其本身就是技术和艺术高度融合的"跨界"产物。对于本项目来说，关键是要找到软件技术能满足音乐创意实践的切入点：一是软件技术的应用要满足音乐艺术的审美理解和创意表达需要，而不能为了用而用；二是软件技术的应用要以符合学生的认知基础和有助于形成创意思维为原则，要考虑应用场景的优化。

如表3-4中左侧"技术与资源应用"列所呈现的内容，是教师分析、挖掘"教材内容"列中音乐作品的风格与形式表现特征之后，提炼软件中所包含的技术要素，它同时反映了软件技术在单元教材中能够应用的各种场景——这是技术应用内容和音乐实践内容的融合。另外，在表3-4"单元教学基本要求"列所呈现的是音乐学习的内容与要求，它反映了学生在利用软件开展创意活动时应当遵循的音乐创造和表达表现的实践要求，展现了音乐创意实践的能力要求和软件操作技能要求的融合。

（二）跨界学习的过程方法：支持探究，引导建构

以素养为导向的课堂谋求教与学方式的转型，追求以学习为中心的课堂教学变

---

① 钟启泉. 从"知识本位"转向"素养本位"——课程改革的挑战性课题［J］. 基础教育课程，2021（11）：5—20.

革,从而凸显学生作为学习主体的应然地位。同时,以素养为导向的教与学,重要的任务是落实"必备品格"和"关键能力"的培养——"关键能力"的形成既包括学科的知识习得和能力发展,也包含超越学科的"问题解决能力"的形成,两者合一可以理解为"学力";"必备品格"的形成则更是关注学习者与学习对象的关系,学习者的已知与未知的关系,学习者与环境的关系,以及学习者与他人的社会关系等。由此可见,素养的形成就是学习主体的学力发展及其在学习场域中各种意义、关系建构的综合结果。

钟启泉教授提出过"基于生活逻辑的学科逻辑的主体化"①的主张。他指出:一方面,儿童是拥有自身生活经验的存在。儿童是基于这种"逻辑"对环境做出选择性参与的,从某种意义上说,是有作为的存在。第二是,因此要使得科学知识主体化,就得使儿童以熟悉的"生活逻辑"来消化"学科逻辑",通过这种过程,进一步丰富生活知识。

本项目的实践,就是基于上述理念内涵及其价值导向而展开,主要包含两个目的:第一,应用技术、引导探究,支持学习中的经验、认知建构,从而促进音乐理解(这是形成学科能力、素养的前提);第二,创设情境、跨界实践,将学科知识关联生活经验,意在形成基于"认知建构"的"问题解决能力"(这是跨学科素养的表征)。

1. 技术支持下,通过"做中学"积累音乐感性经验

本项目中的"技术"指的是类似于 IOS 系统中库乐队那样的现代媒体终端技术(但也不排斥广泛的传统教与学的技术)。基于信息技术的现代媒体终端技术因具有高度集成性、开放性和可迭代性的特点,从而对于多样性的音乐学习情境、任务的适应性更强,也因其内容的丰富性而更容易让师生在教与学的情境中灵活应用。

对于音乐创意实践类活动来说,学生无论是对音乐音响特征的感知、理解,还是创造、表达,对教与学的技术和资源的依赖性都很强。传统的技术与资源应用,有时难以满足更多的学生亲身参与、动手实践,因而对学生的音乐学习兴趣和切身的音乐经验积累都有相当程度的妨碍。本项目研究,以当下十分容易普及的现代媒体终端平台(IOS 或安卓)为载体,为每一位学生在音乐学习活动中实现亲身参与的"做中学"提供了可行的条件。在媒体终端搭建的虚拟音乐环境中,学生可以接触丰富的音乐作品、

① 钟启泉.从"知识本位"转向"素养本位"——课程改革的挑战性课题[J].基础教育课程,2021(11):5—20.

音响音效和音乐表现形式,有利于形成最直观的音乐体验,从而改变了"教师传授式"的知识传递方式,突破了间接经验的局限性,积累丰富的、直接的感性经验。项目学校利用校园网在线作业平台,进一步帮助学生摆脱了传统课堂的固定时空限制,有助于实现"翻转课堂"。

2. 任务情境下,架起儿童经验与新学知识的桥梁

技术支持只是改变音乐学习方式的辅助手段而非决定性因素。真正促进音乐学习理解和跨界问题解决的,是教师在教学中的儿童视角和教育观念。教师在教与学的设计中,要充分认识到学生在完成新的音乐学习任务时所具备的生活、学习经验和已有认知基础,并依据这些基础设计学习的任务、情境,搭设学习的支架、梯度,不断地强化儿童已有生活、学习经验同新学知识之间的联结,努力使学习任务的每一个环节都能恰到好处地发力在学生的"最近发展区",最终促进其新的认知和经验建构。

项目学校的一节公开课《音响创编:森林音乐会》①中,执教的范佳文老师在第一个学习环节,通过学生探索的库乐队中二胡音色和各种软件演奏手法,引导他们将前一节课中欣赏二胡曲《小青蛙》时学到的二胡"拉奏、拨奏、颤弓、拟音"等技法的学习经验紧密地联系在了一起。在第二个学习环节,教师进一步提出在探索软件中二胡技法的基础上,用各种技法的音响效果来表现音乐情境中的场景和形象,充分地激活了学生日常生活经验并和新课习得的知识相关联,为最终音响故事的创意表达积累了宝贵的实践经验。这节课,教师就是充分利用任务情境,有效地架起了学生已有经验和新学知识之间的联系,对学生的音乐理解以及在新情境中的创意表达起到了很好的促进作用。

3. 支架辅助下,追求"认知建构"的理性学习目标

按照建构主义的设计原理,学习者不是单纯记忆教师给予的信息,学习是个人与社会双重意义上的意义建构过程。教师的作用不是帮助学生填满知识的储罐,而是点燃智慧的灯火。因此,这种学习活动的设计强调的不是教师制定"讲授"的内容,而是思考"学习"的计划。它需要满足六个要素,即"情境、协同、支架、任务、展示(外化)、反思",这些要素作为有影响力的手段是重要的,当然,其顺序是动态的。②

---

① 本课例由徐汇区高安路第一小学范佳文执教.
② 钟启泉. 从"知识本位"转向"素养本位"——课程改革的挑战性课题[J]. 基础教育课程,2021(11):5—20.

再次引用钟启泉教授的话,目的在于说明"素养导向"下的课堂改进,无论是学科的还是跨学科的,都需要寻求教学范式的改变,而改变的重要标志就是"促进理解的教学",或者说"具有意义的学习建构",也即是追求"深度学习"。通过上述引文可见,追求理解或意义建构的学习,教师需要一定的技术或策略,即灵活运用"情境、协同、支架、任务、展示(外化)、反思"六要素的综合作用,促进学生自主建构的深度学习。

学生的"学习建构"过程是一个不可见的"黑匣子",但教师可以通过"控制/设计输入"来达到"引导输出"的目的。在本项目研究的课例中(见案例),执教教师围绕编创音乐音响的真实性学习任务,尝试设计了"学历案",运用了"四个一"策略,即:抛出一个关键问题、提供一组技术/资源、开展一次有效的学习活动、组织一次反馈交流或展示。教师通过"关键问题"引导学习认知的"输入方向",通过技术与资源起到支持探究学习的主体参与作用,通过情境、任务、资源共同作用下的协同性探究活动引导学生自主建构,通过展示、交流与反馈获得"学习输出"的证据。整个基于学科理解和问题解决的跨界学习过程,正如"境脉学习"理论所讲求的"用中学"的新型综合性学习方式,学用结合,学以致用,以用促学。①

(三) 跨界学习的价值追求:着眼素养,重视发展

综上所述,本项目研究所指的"跨界学习",既有"跨界"的主旨,也有"守界"的要义。说它"跨界",是因为项目本身就是技术和艺术的融合,在为用而学、学以致用的音乐创意实践活动中,学生通过与技术、艺术对话,与学习素材、内容对话,与学习伙伴、环境对话,锤炼的是学习、交往中的人格品性和跨学科的通用素养;说它"守界",是因为项目研究的主体是技术支持下的音乐学习本身,必须尊重音乐的本质特征和音乐学习的客观规律,首要谋求的是音乐学科素养的发展。因此,须对项目研究价值做一个概括性总结。

1. 追求学习理解,培育学科素养

杜威说:"如果我们沿用过去的方法教育今天的学生,那么我们就是在剥夺他们的未来。"音乐学科经历了30年课程改革,已经从过去单一知识技能的灌输转变为注重

---

① 徐燕萍. 境脉学习:一种引导学习转型的新范式[J]. 江苏教育研究,2017(29):23—27.

审美、实践和人文性相统一的丰富的课堂样态。但是,割裂的、碎片化的知识传输(笔者称之为就教材教教材,就作品论作品)带来的"流程如水、蜻蜓点水"的教学质量困境依然有待突破。在以培育学科素养为价值追求的新一轮课程改革中,从碎片化的"事实性知识传递"转变为促进理解的"概念性知识建构",应当成为音乐课堂改进的新追求。其原因诚如钟启泉教授所说,"学科素养"是指"反映特定学科领域的大观念与思维方式"。[①]

2. 追求问题解决,发展核心素养

新一轮课程改革的诉求,是求得三种关系的均衡发展,即:脑力与体力的均衡发展,认知能力与非认知能力的均衡发展,学科素养与跨学科素养的均衡发展。其中,学科教学和跨学科教学是形成"核心素养"相辅相成的两种学习方式。[②] 如果说学科教学解决的是学科的学习理解与思维方式的形成,跨学科学习则更为强调真实的学习场域。在这一场域中,学生不仅要获得认知建构与学习理解,更需要在复杂的或新的情境中追求基于理解的问题解决,展现其探究的主体性和学习的协同性,建立良好的人际关系,形成积极的社会性参与态度。本项目开展基于学科的跨界学习,也正是努力体现这一"核心素养"的价值导向。

五、思考与展望

第一轮项目研究已经结束,成果初现。基于实践,也引发了我们的一些思考:

首先,跨界学习所呈现的"综合"样态不应是"大拼盘"和"搅拌机"。 世界可无"界",认知须有"界"——"界"是事物的规律,反映的是事物的内在本质及其运行机理。人类文明千年演变,细分为各个学科领域,每一个领域都以其独有的思维视角引导我们认识世界,每一个学科也都以其独特的内容体系承载着人的教育价值的某些方面,进而多力合一,促进全人发展。"综合"往往容易出现在两个阶段:第一,是人的认知

---

① 钟启泉. 从"知识本位"转向"素养本位"——课程改革的挑战性课题[J]. 基础教育课程,2021(11):5—20.

② 同上.

思维尚未发展起来的幼年阶段,此时的儿童以模糊的感性经验探索世界。第二,是人的认知思维高度发展、成熟的阶段,我们俗称的"大师"就是那些精通某一领域,"术有专攻"且能"触类旁通"者。因此,在人的认知思维处于逐渐发展的时期,全面地、各取所长地学习各个领域的知识显得尤为重要(我们的问题不在于分科或合科而在于学习方式),学校应当为学生提供扎实的学科学习质量保障,并以适度"跨界学习"的"综合"方式发展学生多样性的认知思维,启发其认识事物的多样化视角,有目的地引导、期待其"通感"的形成和发展。这一过程中应当极力避免的是将知识打碎或以拼盘的方式"喂"或"灌"给学生,使其"知果味而不识其果"——若如此,素养何以形成?

其次,跨界学习要避免"重形式"而"轻内涵"。以本项目为例,我们的研究追求的是以"跨界"的方式,融通技、艺,促进探究,引导建构,发展对音乐及其创造、表现方式的理解。在这一过程中,技术、资源都仅仅是手段而非目的。这里的"技术",既可以是现代技术,也可以是传统技术,"跨界"的真正价值在于培养"关键能力",形成"必备品格"。因此,在具体实践中,老师们切不可"本末倒置"。

最后,关于对即将到来的义务教育课程改革价值导向的回应,我们也应做一些基本的展望:本项目研究的深入推进须继续秉持学科与跨学科的"二元不对立"原则,在"单元视域"下进一步积极探索基于学科的主题式、项目化学习,既要着眼于学生音乐学科素养的培育,更要追求旨在促进全人发展的核心素养的培育。

参考文献

［1］中华人民共和国教育部. 义务教育音乐课程标准(2011 年版)［M］.北京：北京师范大学出版社,2012.

［2］上海市教育委员会教学研究室. 中小学音乐单元教学设计指南［M］.北京：人民教育出版社,2018.

［3］钟启泉.从"知识本位"转向"素养本位"——课程改革的挑战性课题［J］.基础教育课程,2021(11)：5-20.

［4］徐燕萍.境脉学习：一种引导学习转型的新范式［J］.江苏教育研究,2017(29)：23-27.

［5］上海市教育委员会教学研究室.上海市小学音乐学科教学基本要求［M］.上海：上海教育出版社,2021.

一、案例背景

此次研究立足技术资源支持下的"跨界"学习,在"技艺融相,跨界学习"的过程中既要保持对学科界限的清晰认识,保持音乐课的学习样态,也要遵循一般的认知规律,探寻适切的跨越点。项目组首先挖掘了库乐队软件的运行规律和操作特点,寻找能够与教材中的音乐作品相融合的学习内容。其次考虑设计符合音乐知识建构的情境与任务。

下面具体介绍本次研究的实践案例:三年级第二学期"玩转库乐队"创意实践单元中的第六课时《创编"森林音乐会"》音响故事活动。

二、案例主体

本节课,根据乐曲《小青蛙》中的二胡演奏技法所表现的不同音乐形象与情景为切入口,自主探究库乐队软件中"世界音乐"模块二胡界面中的各种音效,运用多种触屏方式引导学生在两个方面主动建构:第一,二胡真实演奏技法与库乐队软件中二胡界面的操作方式;第二,软件中二胡不同表现技法的音响效果所形成的音乐形象联想。最后创编"森林音乐会"的情景音响小品,最终达成能力迁移。

---

① 执笔人:周佳春(上海市徐汇区高安路第一小学).

音响创编"森林音乐会"

一、学习内容

1. 探索库乐队软件中"二胡"界面的各种虚拟演奏技术及其音响音效。

2. 运用软件虚拟演奏的音响音效,创编"森林音乐会"音响小故事。

二、教学目标

单元目标1:根据特定音乐情景和创造题材的需要,探索软件中各模块乐器组的音响特点,知道选用不同乐器、不同触控方式的声音效果开展音响创造活动。

1.1 根据课前对软件音响的探索结果,以及《小青蛙》音乐中了解到的二胡演奏技法,用长按、短按、功能键组合等多种触控方式,表现二胡的各种演奏技法。

1.2 能借助老师创编的音乐故事,用探索到的二胡音效和肢体动作与老师一同表演音乐小故事"森林音乐会"。

单元目标5:根据特定的创编要求和软件界面的技术特点开展创造活动,与老师、同伴一起评价、反馈创编的成果。

5.1 结合老师提供的音乐形象与情景,与老师、同伴交流对"二胡"界面中各种音效与功能的应用。

三、课时关键问题

1. 在"二胡"界面中动动手指,找到了哪些有趣的声音?

2. 能根据软件发出的各种声音,创编"森林音乐会"的音响小故事进行表演吗?

【评价设计】

评价内容	等 第 判 断	评价方式	目标指向
根据课前学习经验,正确匹配软件中二胡演奏技法的情况	☐ 优秀:能用3种及以上不同的触控方式表现"二胡"界面中的演奏技法。 ☐ 良好:能用2种不同的触控方式表现"二胡"界面中的演奏技法。 ☐ 合格:能用1种触控方式表现"二胡"界面中的演奏技法。 ☐ 须努力:不能正确触控屏幕找到"二胡"界面中的音响效果。	自评	目标1.1

【学习经历设计】

学习内容	学习支架设计	指导与反馈
一、聆听音乐想象二胡演奏技法所表现的形象	**【活动一】**聆听课外二胡音乐片段，想象形象，辨别演奏技法 [关键设问] 1. 聆听两段音乐，想象它们分别描绘哪两个小动物的形象？用到二胡的什么演奏技法？ [情境与任务] 1.1 聆听音乐，完成"学习任务单"。 1.2 交流对音乐的感受。 [技术与资源支持] 1. 环境资源：适合小组合作学习的桌椅排列。 2. 素材资源：二胡独奏曲《赛马》《空山鸟语》音(视)频。 3. 辅助资源：每人一张任务单、每人一支笔。	指导学生聆听音乐片段，通过填写任务单的方式对二胡的音响进行自主想象，并大胆交流。

任务类型	✓ 自主、探究 1.1	✓ 协同合作 1.2	☐ 听讲接受
活动类型	✓ 体验	☐ 表现	☐ 创造

学习内容	学习支架设计	指导与反馈
二、借助软件探索二胡的各种声音效果	**【活动二】**借助库乐队界面探索二胡的演奏技法 [关键设问] 1. 软件界面中探索到的声音是哪种二胡演奏技法？ [情境与任务] 1.1 探索软件的不同触控方式与二胡拉奏、颤弓、拟声演奏技法的关联。 1.2 小组、集体交流探索成果。 [技术与资源支持] 1. 环境资源：适合小组合作学习的桌椅排列。 2. 技术资源：8台装有库乐队软件的 IPAD 电脑、8个蓝牙音响、投屏功能。 3. 辅助资源：移动黑板、表示二胡技法和软件标识的图片板书。	指导学生正确运用软件触控方式表现二胡的各种演奏技法。

任务类型	✓ 自主、探究 1.1	✓ 协同合作 1.2	☐ 听讲接受
活动类型	☐ 体验	☐ 表现	✓ 创造

学习内容	学习支架设计	指导与反馈
	【活动三】根据音乐形象与情景探索软件中的不同触控方式 [关键设问] 1. 展开想象,这些形象和情景可以用怎样的二胡声音进行表现? 你还能用什么动作表现它们? [情境与任务] 1.1　根据每组选择的形象与情景,探索声音效果。 1.2　各组交流并练习音效与表演动作。 	指导学生用不同的触控方式表现各种形象与情景。
	<table><tr><td>任务类型</td><td>☑自主、探究 1.1</td><td>☑协同合作 1.2</td><td>☐听讲接受</td></tr><tr><td>活动类型</td><td>☐体验</td><td>☑表现</td><td>☑创造</td></tr></table>	
	[技术与资源支持] 1. 环境资源:适合小组合作学习的桌椅排列。 2. 技术资源:8 台装有库乐队软件的 IPAD 电脑、8 个蓝牙音响、投屏功能。 3. 辅助资源:移动黑板、多个有小鸟、青蛙、小马等形象的图片。	
三、创编音响小故事	【活动四】根据"森林音乐会"的主题和软件中探索到的声音效果,创编音响小故事 [关键设问] 1. 你能听出老师演绎的音乐故事中有哪些形象与情景吗? 2. 你能根据故事中的形象与情景,选用合适的声音效果演绎音响小故事"森林音乐会"吗? [情境与任务] 1.1 聆听老师弹奏的音乐,想象其中的形象与情景。 2.1 为老师讲述故事中出现的形象与情景,并配上二胡音效和肢体动作。 2.2 与老师、伙伴一同合作演绎音响故事"森林音乐会"。 	① 指导学生根据音乐故事中的形象与情景在合适的地方加入音效与肢体动作。 ② 关注学生演绎音效、肢体表现过程中伴随音乐速度与韵律的情况。
	<table><tr><td>任务类型</td><td>☐自主、探究</td><td>☑协同合作 1.1;2.1;2.2</td><td>☐听讲接受</td></tr><tr><td>活动类型</td><td>☐体验</td><td>☑表现</td><td>☑创造</td></tr></table>	
	[技术与资源支持] 1. 环境资源:适合小组合作学习的桌椅排列。 2. 技术资源:8 台装有库乐队软件的 IPAD、8 个蓝牙音响、投屏功能。 3. 辅助资源:移动黑板、若干幅森林场景图片。	

三、案例反思

案例以"学历案"的方式呈现了整个教与学的过程,尤为突出学习支架的设计,其中包含关键设问、情境任务、技术资源支持等方面,这些要素凸显学科研究中用来帮助教师转变教与学视角的"四个一"(一个关键问题、一组技术/资源、一次有效的学习活动、一次反馈交流或展示)策略。

(一) 以"情境任务"为抓手,体现学习方式的自主性

课例设计中,每一项情境任务都具有独立自主的探索部分以及小组合作、组际交流的协同式学习。这样设计将学生带入到真实体验、深度实践的场域中,帮助学生建立独立思考的学习习惯,并通过讨论、交流形成对新知识、新经验不断深入的建构,体现以学习为中心的理念。学生在情境任务中主动思考、积极交流、反思迭代,老师则起到引导、提炼、点拨的作用,改变教师不断讲授、灌输的教学方式。

(二) 以"关键设问"为导引,形成学习建构的递进性

课堂学习中,问题是引导学习者思考的重要因素,设计环节间有关联的问题,将会引领学生的思维如剥笋般有序、深入。如图3-7所示,本课例中的关键设问始终围绕二胡音响的特点及其表现力进行深入探究。从音乐片段中的真实二胡音响,到软件不同触控方式模拟的音响,再到新情境中运用音乐音响开展表演。在问题的引导下学生逐渐形成"认知建构",且"认知建构"的过程之间有着紧密的关联性和递进性,最终促进学生在新的情境中初步形成"问题解决"的能力。

(三) 以"技术资源"为载体,打造跨界学习的实效性

技术资源支持下的音乐学习,拉近了学生与各种音乐的距离,原来没有纯熟的技能无法企及的音乐体验,现在能够在平板、电脑、手机终端中轻松体验。本课例就很好地体现了这个特点,借助库乐队的二胡仿真乐器界面,用手指短按、长按、摩擦等不同

触控方式就能实现二胡技法中的各种音响效果,简单的操作方式为深度实践提供了可能,学生自主探索的积极性瞬间被技术点燃,"跨界学习"的认知建构与思维融通也在这样的探究活动中有效形成。

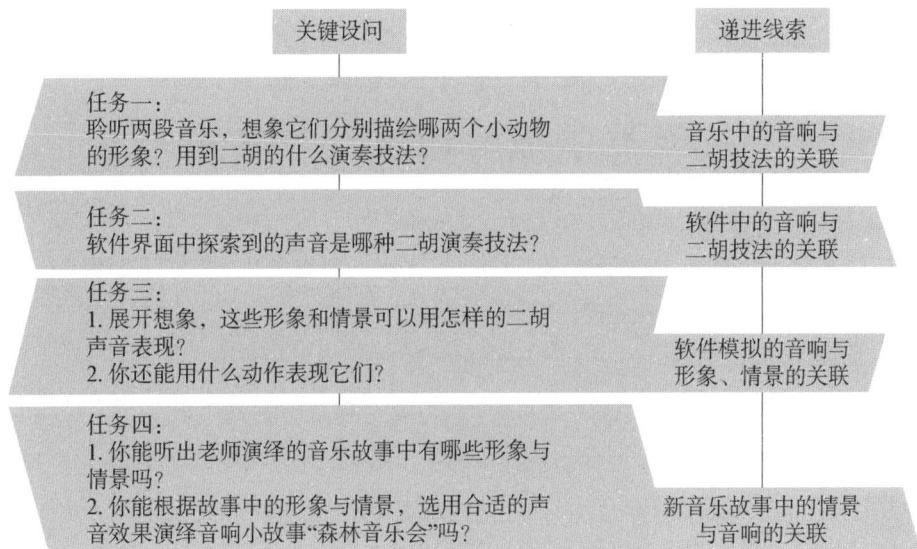

关键设问	递进线索
任务一: 聆听两段音乐,想象它们分别描绘哪两个小动物的形象?用到二胡的什么演奏技法?	音乐中的音响与二胡技法的关联
任务二: 软件界面中探索到的声音是哪种二胡演奏技法?	软件中的音响与二胡技法的关联
任务三: 1.展开想象,这些形象和情景可以用怎样的二胡声音表现? 2.你还能用什么动作表现它们?	软件模拟的音响与形象、情景的关联
任务四: 1.你能听出老师演绎的音乐故事中有哪些形象与情景吗? 2.你能根据故事中的形象与情景,选用合适的声音效果演绎音响小故事"森林音乐会"吗?	新音乐故事中的情景与音响的关联

图 3-7　课例关键设问与递进线索

小学体育与健身学科线上线下融合的
技能类学练活动设计与实施

项目主持 王立新

项目实验校 上海市嘉定区古猗小学

项目组长 武卫清

项目组核心成员(按姓氏拼音排序):

  陈伯涛 柴 梓 黄建新 刘恒玮 李文峰

  苏云云 王 凯 王 新 武卫清 余 颖

一、研究背景综述

2020 年春,上海市教委积极响应国家"停课不停教、停课不停学"的号召,开展了中小学"空中课堂"在线教学资源建设,构建了线上线下融合的教学模式,促进了教与学方式的变革。在中国知网的文献总库(CNKI)中,以"线上线下融合教学"为主题的文献共有 343 篇,集中在 2014—2021 年,由此可见,兼顾了传统面授教学与在线学习优势的"融合教学"是当前研究热点。

(一)国外研究现状

丹麦哥本哈根大学公共卫生系的拉斯·简森(Jensen Lasse X)教授对相关研究在线教育的人员进行了调查,归纳他们如何理解在线学习中教学与学习中的作用,并讨论了这些理解如何影响学习效果,提出了在线教师和在线学习者的角色和责任相关的连贯的含义框架,明确了反馈应在在线教学中发挥的作用。

伯明翰大学马修·托马斯(Matthew Thomas)教授在疫情背景下,探究了"实时混合"学习模式,他通过对在线学生和面授学生同时授课,研究提出"有效的实时混合教学需要对课程设计和教授形式进行持续的更新,教师应更专注于学生体验的即时性",给本研究提供了学生群体互动形式及效果关注的思维引导。

佛罗伦萨·马丁对 2009—2018 年在线教学研究的系统回顾中,对国外 12 种期刊上发表的关于在线学习的研究文章进行了分析,指出"在线教学与在线学习还需要对

---

① 执笔人:李文峰(上海市嘉定区教育学院),柴梓(上海市嘉定区第一中学附属小学),王立新(上海市教育委员会教学研究室).

课程设计和开发类别方面进行更多的研究;同时也要侧重于教师的角色研究,以专注于在线课程的设计和开发"。

洛卡纳特·米什拉博士对新型冠状病毒流行期间高等教育在线教学的形式进行了研究,通过对教师、学者、学生等进行访谈,指出"开发多式联合运用方法、实现课程内容目标和学习成果,是应对教育复杂性的更好思路"。

詹妮弗·洛克在"在线协作学习的嵌入式案例研究"中架构了在线协作学习框架(图3-8),通过六个关键行动的交集呈现知识行为的内在联系。首先,在外围方面,发展和维护教学行为,设计和使用教学策略来创造教育体验;探索认知,将知识和应用通过批判性思维建构活动和策略;通过互动交流,呈现在线学习的现实感。其次,再通过创设学习社团、建构深度学习支架、并批判性主动知识探索,最终达到认知形成。

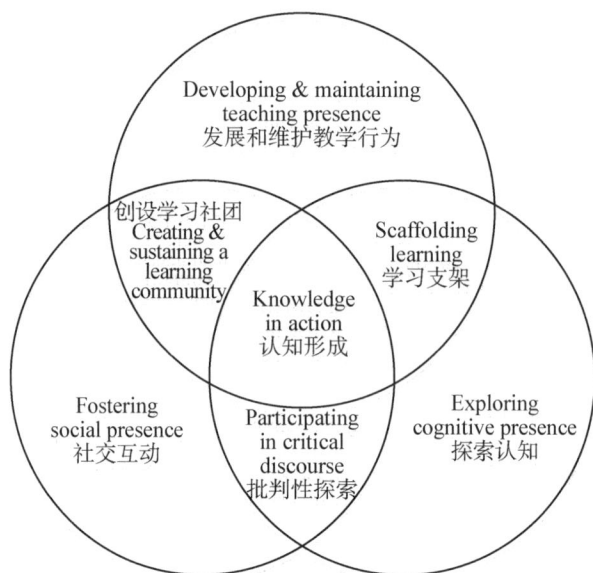

图 3-8　在线协作学习框架

(二) 国内研究现状

王志军在"远程教育中'教学交互'本质及相关概念再辨析"一文中提出,教与学的时空分离是在线教育区别于传统教育的本质特征,因此,在线教育成功的关键在于能否促进教与学的深度融合。

　　信息时代知识载体和媒介的变化,导致知识的内涵、结构、生产方式、呈现方式与传播方式都发生了巨大变化,将传统教学方式的优势和在线教学的优势相结合,实施线上线下相结合的混合式教学模式,也成为后疫情时代甚至是未来教育发展的必然选择。

　　北京师范大学未来教育高精尖创新中心学科教育实验室李珍琦、王召阳对线上线下相融合的混合式教学模式进行探究,指出混合式教学模式的发展,其核心是"课堂教学"的结构变革,主要体现在师生地位和相互作用的变化、教学媒体使用及效果的变化、教学内容及学习资源的变化等方面。

　　国内学者同样对"线上＋线下"相结合教学模式进行了细致研究,并将多方面因素进行相互融合和渗透,包括授课时间、授课场地、授课对象、教学方法、教学内容、教学形式、教学评价与反馈等。如,有学者在"知识分类视角下线上线下融合的教学模式"(图3-9)中,将体育课程进行重组和构建,能够形成体育课前(知识预习)——体育课堂(线下体育活动实践)——体育课后(反馈与评价)多阶段教学模式。

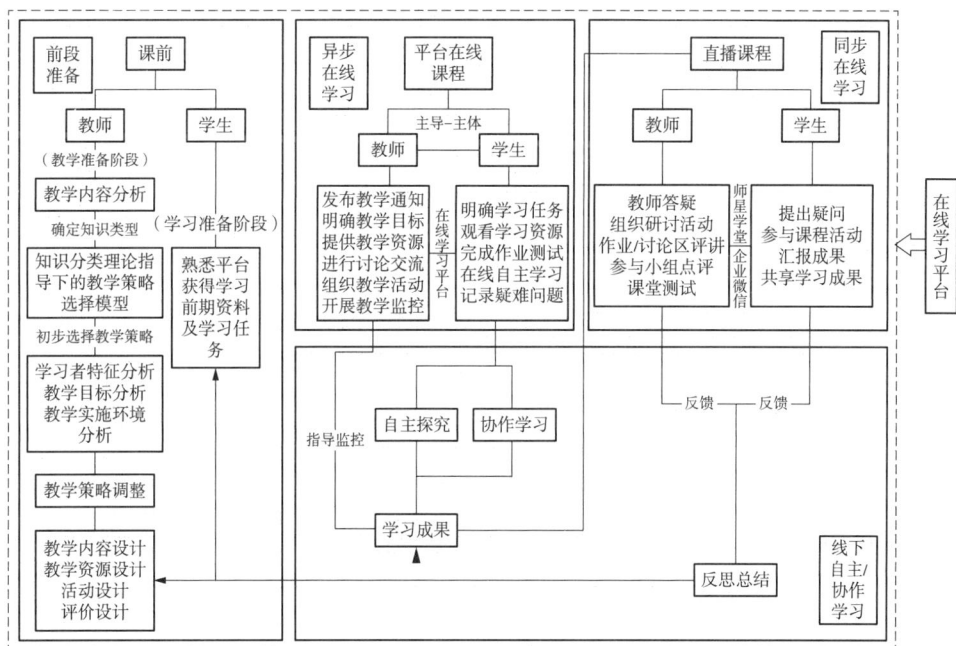

图3-9　知识分类视角下的线上线下融合的教学模式图

综上所述,在国内外关于线上线下融合教学模式的研究基础上,本项目立足于基于课程标准的教学与评价,以"线上线下融合的技能类学练活动的设计与实施"为研究载体,探索"以体育人"教与学方式变革的路径。

二、研究目标与内容

(一) 研究目标

1. 挖掘线上线下融合的教学新模式,深入学习融合教学理论,全面了解线上线下融合教学的现状。

2. 根据体育学科技能类的教材内容特点,选择适合的融合教学形式,通过单元计划、单元流程、教学设计和课时计划设计完整的教学过程,以"线上线下融合"为突破口,开展符合学校实际的实践探索,提炼学科实践经验,形成学科研究报告与案例,为线上线下融合的教学提供参考与经验借鉴。

(二) 研究内容

1. 相关概念的界定

(1) 运动技能:学生在体育学习和锻炼过程中完成运动动作的能力。它反映了体育课程以身体练习为主要手段的基本特征,是课程学习的重要内容和实现课程目标的主要途径之一。

(2) 线上学习资源:广义上是指可以帮助学生学习的一切网络信息资源;狭义上,是指教师精心制作的教学视频、思维导图、微课、教学课件及教学活动设计等学习资料上传到网络平台后,以引导学生利用电子终端设备去查阅、浏览进行独立学习的资源。

(3) 线上线下融合教学:将课前录制的视频和教学资源,通过互联网,基于多种终端应用技术,引导学生进行在线课堂学习,并通过线下实体课堂面授教学、讨论交流的一种新型翻转课堂教学。这也是利用现代信息技术与传统教学方法相互交融后产生的一种新的教学模式,其核心是整体设计,相互交融,优势互补。具备不受时空限制、不受师生比约束、发挥信息技术的特长及可充分利用优秀的教师教学资源等特点。

2. 技能类学练活动的教学设计与实施

技能类学练活动是基于学科核心素养,结合人体动作发展规律,以技能掌握为主线的单元教学活动。其设计与实施是结合线上线下融合教学相关理论学习,根据《上海市中小学体育与健身单元设计指南》,选取运动技能项目特征显著的教学单元,开展以"线上线下融合"为主线的学练活动实践与研究。如:借鉴空中课堂执教名师、学科专家磨合后的单元教学设计,关注技能类学练活动线上线下的教学融合点;结合学情不断优化教学策略和组织形式,并通过翻转课堂等进一步提高课堂效率。

本项目研究的重点为线上教学资源辅助线下课堂教学,优化"线上线下融合"的教学手段和方法,提高教学设计的科学性和教学实践的可实践性;难点是如何选择线上线下融合形式以及精准把握融合时机,从而形成有效的"线上线下融合"技能类学练活动模式。

三、研究方法与过程

(一) 研究方法

1. 文献资料法

在中国知网、万方数据库、上海图书馆数据库、教育部、教育厅等官网进行检索、整理,提炼出本课题所需的资料。

2. 案例分析法

重点对研究过程中典型案例进行剖析,将理论与实践相结合进行分析、研究,总结典型经验,并积极推广。

3. 行动研究法

将课题研究与体育课堂教学实践相结合,全方位多角度进行课题分析,在行动中研究,不断循环"预设-生成-调整"的优化过程。

（二）研究过程

1. 编制研究方案（2020 年 7 月—2020 年 8 月）

市学科教研员制定和解读实施方案，并邀请学科专家和项目组成员召开论证会，确定研究方向和任务分配，商讨、制定详细的研究计划与方案并确定案例实施主题内容。

2. 撰写文献综述（2020 年 8 月—2021 年 3 月）

资料收集，归纳线上线下融合的理论要点与国内外的研究现状，梳理与汇总，形成较为系统的文献综述。

3. 初步实践探索（2020 年 12 月—2021 年 3 月）

结合文献综述与专家指导意见，初定线上线下融合的实施路径，主要利用线上空中课堂资源、练习方法视频拍摄、慢动作视频制作等，不断优化教学设计，于 2021 年 3 月 10 日进行嘉定区小学体育"关注单元主旨·践行融合教学"的汇报研讨展示，并请兄弟学校教师及学科专家进行指导。

4. 开展实践研究（2020 年 3 月—2021 年 6 月）

确定教学设计中线上线下融合的实施路径，主要包括：融合内容的选择、融合时机的把握、融合效果的预设等。在教学实践与研究的不断优化过程中积累案例、总结经验等，并于 2021 年 6 月 10 日举办了上海市小学体育"把握单元主旨·探索融合教学"的教学实践与研讨展示活动。

5. 总结研究经验（2021 年 6 月—2021 年 7 月）

研究成员在专家指导下全面总结与梳理线上线下融合的实现路径，完成《线上线下融合的技能类学练活动设计与实施》的研究报告和案例撰写。

四、研究结论

（一）信息技术助力，提高课堂实效

传统理念对体育学科和技能类学练过程中信息技术的应用有所偏颇，认为会掣肘体育课堂实效。但通过疫情时期"停课不停学、停课不停教"的形式考验,信息技术赋能体育课堂,不仅仅在学生体能促进方面,在技能类知识掌握中对学生技能类动作兴趣激发、负荷保障、行为认知等方面,都有显著的提升效果,从而提高课堂实效。

如在《跳上成蹲撑—起立,前跳下》的教学实践中,信息技术的应用贯穿整个课堂:大屏幕播放跑酷游戏,激发了学生的运动兴趣,提高了活动参与度;慢动作视频演示,让学生清晰直观地了解跳上成蹲撑动作环节的要点;图片特写和动作视频回放,巩固和强化了手支撑的位置和脚落地的位置等知识点;动画的制作与使用等,提高了学生的自主探究能力等。

(二) 线上资源赋能,改善学练方式

融合线上教学资源,改善传统体育课堂教学形式。上海市"空中课堂"是疫情时期积累的教学资源,具有涵盖内容广、设计质量高等特点,一线教师可以有效利用"空中课堂"资源赋能线下课堂,引导学生提前观看空中课堂,熟悉内容、理解教材、尝试动作,为线下学习打下基础;线下课堂根据"空中课堂"的反馈与师生互动,改善学练方式,布置课后锻炼,巩固技能的同时为下节课所学内容打下基础;从而转变线下教学模式,改善学练方式。

比如:利用"空中课堂"中《跳上成蹲撑—起立,前跳下》的教学资源,执教线下课堂中,导入环节利用空中课堂"跳上成跪撑"和"跳上成蹲撑"的视频,引导学生思考找不同的同时,唤起学生居家学习的技能表象;保护与帮助的讲解环节,直接借助空中课堂的教学视频,精简的语言和特写图片让学生更清晰地认识保护与帮助的方法;课堂小结延续空中课堂的技能评价标准又结合线下互助情况,对学生整节课进行评价;课后锻炼环节,借助空中课堂的练习方法,让学生居家锻炼,巩固提高动作技能,提升学习效果。

(三) 线上线下互补,提升学练效果

由于线上教学和线下教学各有利弊,因此在融合教学的"共生"下,有利于两者的优势互补。在课前,教师利用线上教学内容有利于学生提前预习和形成动作内容认知

的前提;在课上,教师运用信息技术和分解动作示范、展示等教学法让学生更清楚所学动作技能的运动轨迹;在课后,再次运用信息技术及教学视频让学生根据自己对动作的掌握情况进一步达到课后复习的效果。

在《跳上成蹲撑—起立,前跳下》的教学实践中,注重启发式教学模式,引导学生思考问题、找出答案从而引出动作要点。如有无支撑垫环节,引导学生思考去掉支撑垫后的难度增加需要注意什么?从而让学生思考问题并引出"大腿贴胸口、小腿贴大腿"的动作要点;又如在原地跳上成蹲撑环节提示脚要到位,引导学生思考脚步到位的后果是什么?从而引出"屈膝收腿快,双脚落点准"的动作要点。

(四) 评价形式多样,促进目标达成

传统的体育课堂教学,由于缺少信息技术等支持,造成体育教师对学生的学习情况和学习效果了解不够充分。而如今,通过线上线下相融合的教学方式,体育教师可以收到更多关于学生学习状况的反馈,更加全面、完整地了解学生的运动兴趣、学习进度、技能掌握程度等情况。除此以外,借助线上及大数据技术,还可以快速分析学生反馈的各类其他情况,如教学资源是否符合学生个体、资源是否充足、教师在教学中存在的问题等,大大提高了教育管理效率,这是传统线下教学模式所无法比拟的。

如《跳上成蹲撑—起立,前跳下》的教学实践中,带领学生获取积极星、规范星、互助星、技能星、勇气星,争做金牌快递小能手的荣誉称号。评价要点为完成什么动作、完成动作几次、规范保护帮助等,延续空中课堂的动作评价标准,根据线下教学情况量化评价指标,增加师评、互评的评价方式。通过评价来检验完成情况,从而促进教学目标的达成。

(五) 多种学科融合,丰富学练经历

传统的体育课堂教学,比较注重学生运动技能的掌握,但忽略了与其他学科的联系。融合教学不仅关注技能学练,同时注重跨学科的融合,来进一步丰富学生的学练经历。融合教学模式的体育课堂,注重与语文、数学、音乐、美术等学科的有机融合,尤其关注学生身体练习与思维活动的紧密联系,发展学生的思维能力和创新能力等。多

种学科的融合教学,不仅能够满足学生多维度知识的学习需求,而且能够丰富学生的学习经历,有利于学科核心素养的培育。

如《跳上成蹲撑—起立,前跳下》的教学实践中,注重跨学科知识的融合。将有无支撑垫环节融入数学知识,引导学生进行图片对比和思考,比一比哪个长方形的面积更大,并思索原因,从而引出体积和空间大的更容易完成跳上成蹲撑;体育器材的使用中,不仅解决了屈膝上提的问题,而且增强了学生的动手能力;综合活动中融合语文知识,通过完成各种障碍跑后写"春＿＿＿＿＿＿＿"的诗句,锻炼体能的同时引导复习巩固语文知识;放松活动融合音乐学科,通过边唱《听我说谢谢你》边跳放松舞的形式进行身心放松。

五、思考与展望

(一) 共生导向

线上线下教学的融合是新常态,是未来体育教学改革的必然趋势,更是目前教学改革的一场革命。就体育学科的技能类教学而言,发挥了线上教学与线下教学各自的优越性,形成"课上学不会,课下资源补"的教学互补性。资源的利用更是发挥了学生的主体性作用,引导学生独立思考,体现学生的主体地位。

(二) 创新导向

创新不仅是技术的创新、方法的创新,更是理念、思想的创新。第一,不能把线下教育简单地搬运到线上。不做搬运工,而是要根据技能类难度教材的特点与学生的实际情况,建立完备的线上教学课程体系,完善线上教学管理与评价体系,确保高效稳定的线上教学,制定多样的线上教学方法与手段,树立宏观的线上教学思想与理念,让线上教学真正成为区别于线下教学的独立个体,发挥线下教学模式不具备的功能。第二,线上教学作为线下教学的补充,学生通过线上教学既可以掌握简单的动作技能,同时也可以用来完备理论技能,完善健全人格。第三,线上线下融合教学不是将线上教学和线下教学的简单叠加,而是促进二者相互渗透,做到你中有我、我中有你。

(三) 融合导向

从混合教学走向融合教学,线上和线下不仅相互依存,而且不可分离。在线下教学中检查教学成果、进行教学反思后,再来综合考虑、设计教学,然后通过线上教学的特点与优势来组织和实施教学,再来结合线下教学的结果反思重建教学。在未来的教学中,离开线上教学不行,没有线下教学也不可以,只有做到二者的深度融合,才能顺利完成教学任务,实现教学目标。

(四) 育人导向

线上线下融合教学带来的不仅仅是教学技术与教学方法的改变,更是带来了育人方式的改变、育人过程的改变。通过线上线下教学的有效衔接,加强学生的道德教育、思政教育,提升学生自主学习意识和自主管理能力,培养学生团结合作、勇于进取、顽强拼搏等体育品德,从而真正达到健身育人的效果,这是学生综合素质发展和学业水平提高的重要保证。

遵循"学生是学习的主体""技术支持学习"等教育理念,在线上线下融合教学实践与研究中,提高教学效益、完善学习方式、丰富学练经历、培育核心素养,这是时代向我们提出的新课题,我们必须研究新问题,探寻新路径,为"以体育人"教与学方式变革做出新贡献。

参考文献

［1］Jensen Lasse X, Bearman Margaret, Boud David. Understanding feedback in online learning-A critical review and metaphor analysis ［J］. Computers & Education, 2021(173).

［2］Matthew Thomas, John R. Bryson. Combining proximate with online learning in real-time: ambidextrous teaching and pathways towards inclusion during COVID-19 restrictions and beyond ［J］. Journal of Geography in Higher Education, 2021,45 (115).

［3］Raheleh Ghazi Ardakani，Madine，Alikhani，Fatemeh Soltani. Comparison of Three Methods of Face to Face and On Line Teaching and a Combination of These Two Methods in Learning Science on Junior High School Students ［J］. Report and Opinion，2016,8(9).

［4］Lokanath Mishra，Tushar Gupta，Abha Shree. Online teaching-learning in higher education during lockdown period of COVID－19 pandemic ［J］. International Journal of Educational Research Open，2020(1).

［5］王志军.远程教育中"教学交互"本质及相关概念再辨析[J].电化教育研究，2016,37(4)：36－41.

［6］李珍琦,王召阳.线上线下相融合的混合式教学模式探究——基于"智慧学伴"平台的课堂教学结构变革[J].中国教育信息化,2021(13)：82－87.

［7］洪明星.线上线下双向嵌入：新时代统战教育培训效能提升研究[J].湖南省社会主义学院学报,2021,22(3)：69－73.

［8］魏黎.借助信息技术提升美育素养——论小学音乐线上线下教学有效融合的实践探索[J].新课程,2021(24)：12.

［9］汪维鹏,邓益斌,杨红,温红."一课六融合"课程＋教学模式改革与实践[J].基础医学教育,2021,23(4)：238－241.

［10］相瑞敏.后疫情时代下线上线下融合初中数学教学模式探究[J].数学之友,2021(2)：10－12.

［11］刘敏华."多元融合"翻转课堂在线教学新模式——以计算机与信息技术基础课程为例[J].计算机教育,2021(4)：19－23.

一、案例背景

在信息技术的高速发展下，"互联网＋"、大数据、5G 等新型技术对人们的生活产生了巨大的影响。在教育领域，信息技术的发展对教学方式的变革作用也日渐凸显；通过技术变革重新构建教与学的多重模式，推动智慧教育体系的建立，也将导致知识的内涵、结构、呈现方式与传播方式都发生巨大变化。

特殊时期产生的"线上视频课程""在线教学""融合式教学"等概念，也为学习方式和教育方法的变革提供验证的平台。未来的教育也将不存在互联网教育和非互联网教育之分，而是线上、线下深度融合的大趋势。

后疫情时代，线上线下融合教学的研究热度，开启了体育学科线上线下教学中技能类学习的深度研究之门。一线教师如何利用"空中课堂"的优秀资源更好地服务于体育课堂？或者针对难度教材线上教学与线下教学资源的优势以何种途径进行有效融合，实现 1＋1＞2 的实效？这是未来教学的核心追求，更是我们体育学科素养可以充分发挥的探究之路。

---

① 执笔人：武卫清、王凯（上海市嘉定区古猗小学）.

二、案例主体

有机融合服务技能学练　翻转课堂提升课堂实效

《跳上成跪撑—跪跳下3-2》

一、概念界定

体育学科线上资源,广义上是指可以帮助学生更好地掌握运动知识技能的一切网络信息资源;狭义上,是指教师将精心制作的教学视频、教学课件及教学活动设计、动作示范等学习资料上传到网络平台后,引导学生利用电子终端设备去查阅、浏览进行独立学习的资源。

体育学科线下资源,主要侧重于体育学科的课堂教学。它是以身体练习为主要手段、以学习体育健身知识、技能、方法为主要内容,以增进学生身心健康,培养学生终身体育意识和能力为主要目标的课程,具备与其他学科不同的特性。

二、课例设计与实施

(一)课例设计分析

"跳上成跪撑—跪跳下",是教参身体表现板块的教学内容,属于基本内容Ⅰ的技术动作,主要是要求学生知道"跳上成跪撑—跪跳下"的动作名称和动作方法,学会保护与帮助的正确方法,发展灵敏性、协调性和平衡性,逐步形成良好的身体姿态。

本节"跳上成跪撑—跪跳下"教学设计是在线上线下教学融合的主题下进行思考和实践的。利用空中课堂的资源,明确"学生主体、教师主导"的角色定位,以学生发展为中心,充分发挥学生的主观能动性;在线下课堂教学中,创设不同情境,营造出活跃、互动、和谐的教学环境,不断激发学生学习的兴趣,注重线上资源的学习和运用,从而提高学生学习效果和课堂效率。

(二)课例目标及重难点确立

针对教学设计,充分分析学生学情后,基本确定了本节实践课的学习目标。

(1)掌握"跳上成跪撑—跪跳下"动作中直臂屈膝、提臀收腹、支撑轻跪,下压上摆的要领,学会保护与帮助的方法。

(2) 学会"快乐少年"的游戏方法,提高支撑跳跃能力及身体协调性,发展身体的上下肢力量、腰腹力量及全身协调配合能力。

(3) 逐步形成与伙伴安全有序活动的意识,养成乐于交流、合作互助的行为习惯。

同时,确立了本节课的教学重点和难点,将教学重点设置为"向上摆臂制动和向下压腿展髋的协同",难点分析为"落地屈膝缓冲"动作的掌握。

(三) 教学策略和主要实施环节

1. 课件运用,提高效果

本节课由小学体育学科在线课堂中"跳上成跪撑——跪跳下"的视频导入开始,帮助学生回忆动作表象,唤醒学生的身体记忆。

通过导入确立本节课的角色定位,创设"我是小小探险家"的教学情境,激发学生的学习激情。强调视频资源中慢动作回放环节的运用,利用慢动作展示"跳上成跪撑——跪跳下",结合语言讲解"助跑、踏跳、支撑提臀收腿、跪跳下",让学生更清晰地认识动作环节要点,更好地理解技术动作。

结合动作要点"快速助跑、踏跳有力、直臂支撑、提臀收腿、摆臂压腿、收腿跳下、屈膝缓冲"等,通过大屏幕循环播放,学生在练习时随时观看学习,提高学习效果。

其中,动作口诀"双脚踏跳直臂撑,提臀收腿成跪撑,摆臂压垫快收腿,落地屈膝要缓冲"帮助学生更好地理解动作过程;动作特写"踏跳的区域、前脚掌踏板、手支撑的位置以及落地时的动作"便于记忆,减少易犯错误的发生,提高学生对完整动作的理解;而保护与帮助的特写图片,让学生更加直观地了解保护与帮助的动作方法——"站在器械的侧前方、两脚前后开立、内侧手扶肩膀、外侧手抓大臂",并形成自我保护与帮助同伴的行为表象。

2. 方法融合,提高效率

(1) 环节一:跪跳游戏

8人一组同时跪在垫子上,以跪跳的形式向前移动。结合"空中课堂"的原地跪跳起,线下教学通过视频展示练习方法,经过小组游戏让学生感受到跪跳的发力点,感受跪跳起的动作,体会跪跳的乐趣,增强学生的集体主义观念。

(2) 环节二:一层垫子上跪跳下

利用慢动作视频展示从一层垫子上跪跳下的动作方法并延续"空中课堂"的动作口诀"两臂前后摆，两腿下压弹，提膝收腿快，屈膝落地稳"，强调下压上摆、提膝收腿及屈膝缓冲，学生练习时可随时观看动作视频及练习要点，有针对性地进行学练，掌握跪跳下的动作技能。

（3）环节三：两层垫子上跪跳下

结合"空中课堂"两层枕头上跪跳下练习，线下根据学生的练习情况加上条件作业，让学生跪跳下至不同距离，循序渐进解决下压上摆、提膝收腿及屈膝缓冲的动作要点。通过生生互评，让学生更清晰地了解自身动作，有针对性地进行学练，巩固跪跳下的动作技能。

（4）环节四：完整动作跳上成跪撑—跪跳下

在学生有一定技能基础后，通过保护与帮助使学生克服恐惧心理，结合"空中课

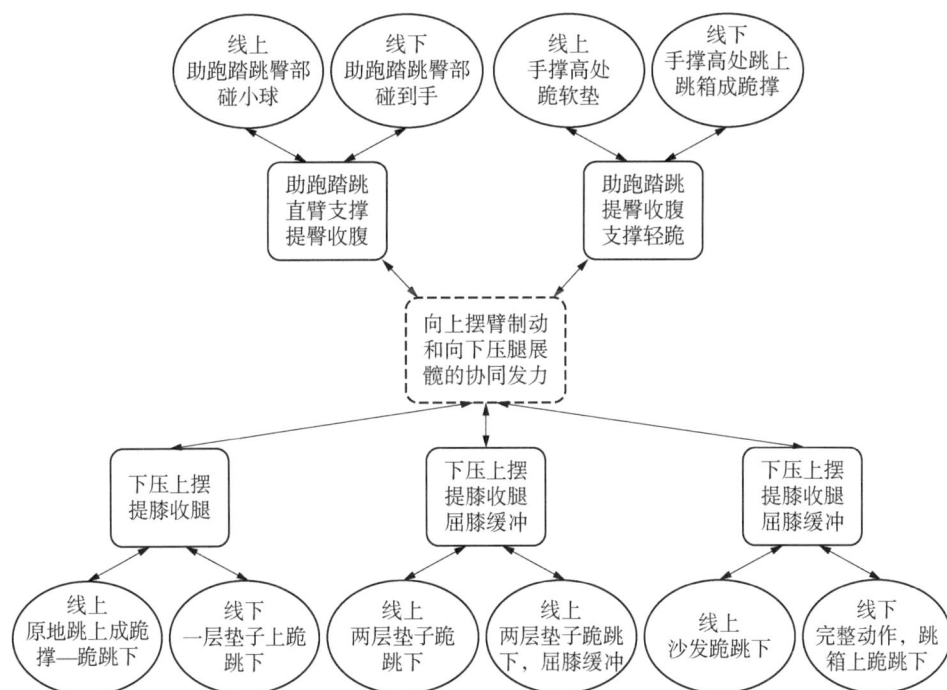

图 3 - 10 "跳上成跪撑—跪跳下"动作要点及方法

堂"的沙发上跪跳下,让学生从跳箱上跪跳下,并完成助跑、踏跳、支撑上箱、跪跳下的完整动作。利用同屏技术,拍摄学生的完整动作,重现学生的练习动作,及时反馈,强化动作技能。

(5) 环节五:赛一赛

在学生基本掌握动作技能的基础上,组织学生比一比、赛一赛,利用大屏幕提出比赛要求以及评价要点,根据动作技能、挑战欲望等进行全方位的生生互评,使学生认识差距、弥补差距,从而学以致用。

3. 评价融合,提升技能

受条件的影响线上教学更多地采用自评,缺乏师评和互评;但具备评价要点很有针对性的特点;其中,"两臂前后摆,两腿积极下压,快速提膝收腿,落地屈膝缓冲"的评价要求,紧紧围绕动作技能掌握的要点。

故在线下教学时,延续了终结性评价的评价要点,强化学生的动作技能;又结合线下学生的练习情况进行师生互评,增加"课堂参与度、挑战积极性、保护与帮助以及团队合作意识"等过程性评价,每完成一项练习,同伴间就会及时评价,通过评价语言"快速收腿你真棒、快速收腿需努力"等,让学生更清晰地认识到自身动作,提高动作技能。

线上终结性评价结合线下的过程性评价,对学生的整节课进行全方位的评价,提升动作技能的同时增强学生的语言表达能力、表现欲以及成就感。

(四) 教学效果达成

通过线上线下的融合教学,老师对教材理解与把握更加准确,教学手段方法更有针对性,保护与帮助的方法更合理,评价要点更精确。这种模式使得教学设计更加科学有效、课堂教学更加合理规范。学生在学练活动中,动作技能更加出色、挑战欲望更加强烈、保护方法更为准确、课堂参与度更高。

三、案例反思

线上线下融合教学能够充分发挥优势,弥补线上缺乏互动与互助、线下缺乏技术

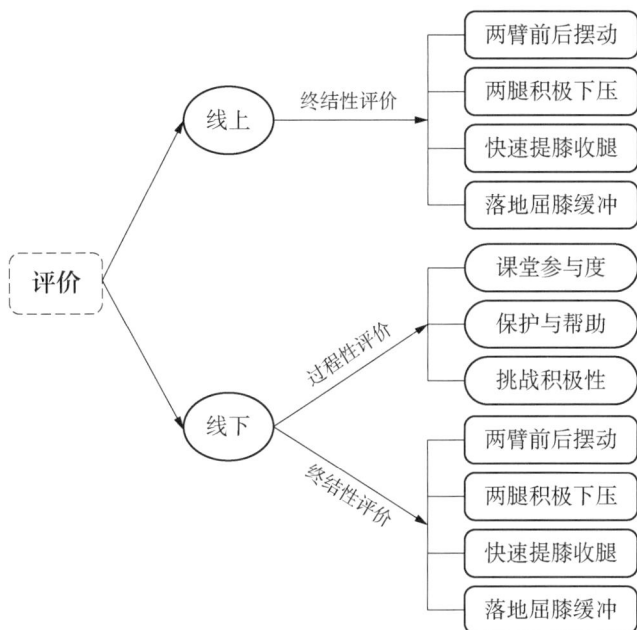

图 3-11　教学效果评价指标

的教学短板,提高课堂教学效果,实现"1+1>2"。

　　针对教师,提前备课看"空中课堂",能够对"跳上成跪撑—跪跳下"有更深入的认识与理解,如何助跑、如何踏跳、如何支撑、支撑部位、跳下时机、动作要领等,都有更清晰的了解和解读。线下资源推送能够让教师更针对性、高效率地把握教学重难点,教师根据学生与场地器材的实际情况进行调整,提高教学效果;课件制作,根据教材的需要选择慢动作、特写、提示练习要求、循环播放练习方法等都能够提高教学目标达成度。

　　针对学生,通过教师引导和在线视频的自主学习,对所学知识技能初步形成了动作表象,有了一定的学习基础,线下学习时可进行有针对性地查漏补缺,再结合适时的师生评价、生生互评,更有利于技能的掌握。

　　小学体育与健身学科线上资源的利用,能够协助老师对教学内容有更深层次的把控,让课堂的条理更清晰,解决问题更加聚焦。特别是一些具有明显动态过程的难度教材,针对技术动作、保护帮助、评价要点等提供了相对标准的范本,且可以通过回放、慢动作特效等展示,更加高效地协助学生形成动作表象,协助教师形成更针对性地讲解辅助,减少教师走一些不必要的弯路。

通过课堂实践,线上线下融合的点非常广泛,线上线下的融合教学能够更好地达到预期效果,提高教学质量。但仍旧需要我们一线教师在实践中,进一步探索线上线下教学的融合点,因材施教,挖掘德育、美育、劳育的因子,从而更好地探索践行"健身育人"的课程理念。

第四编

基于真实性、生活化情境的学科实践

小学道德与法治学科"以案导学"
活动的设计与实施研究

项目主持 关月梅

项目实验校 上海市静安区闸北实验小学

项目组长 李 莉

项目组核心成员（按姓氏拼音排序）：

董 悦 黄琪慧 沈 静 沈怡晴 王莹玉

王晓蕾 吴琛琦 徐 佾 俞孝青 周 颖

第一部分　研究报告[①]

一、研究背景综述

(一) 研究背景和意义

1. 研究的缘起

小学道德与法治课程是对小学生进行法治意识启蒙的主要阵地。统编教材道德与法治将法治教育有机融入课程中,通过从规则教育(前法治教育)到法治专册的学习,由浅入深地渗透法治观念和法治意识的教育、初步培育小学生的法治精神。

由于小学生的生活经验有限,他们对于法律知识往往是懵懵懂懂,或是一知半解。即便有的老师用"讲故事"的方式告诉学生有关的法治概念,也还是难以在情感和日常行为上产生共鸣。因此,有必要研究一种能够拉近教师与学生、教材与生活、课堂与运用、法治与童心的互动方式。体现学科融合的"以案导学"教学理念的提出,有助于解决这个教育上的障碍,并将带来一场"教与学方式的变革"。

2. 研究的意义

以案导学——是指在小学法治教学中教师依据教学目标,运用具体的生活情境或法治案例,引导学生学习,培育法治素养的一种教学方式。通过"以案导学",学生能够尝试运用法治思维,学会分析和理性解决实际问题并进行行为选择,在案例探究中形成法治观念和法治意识。它对促进道德与法治学科教学方式的变革有以下的积极意义。

---

① 执笔人：关月梅(上海市教育委员会教学研究室),黄琪慧(上海市杨浦区教育学院).

（1）培养法治意识、确立法治信仰的需要

根据《青少年法治教育大纲》的要求，小学阶段的法治教育属于启蒙性教育。通过"以案导学"，学生能体会到法律的重要意义及其与社会生活的密切关联，进而内化为对法律的尊重和信仰。

（2）适应践行新时代思政课改革创新的需要

习近平总书记在学校思想政治理论课教师座谈会上提到，"推动思想政治理论课改革创新，要不断增强思政课的思想性、理论性和亲和力、针对性。"通过"以案导学"，学生在老师的引导下主动学法、用法，在发展法治思维的过程中逐渐渗透法治观念，正是适应了小学生思维形成的特点和新时代思政课改革创新的需要；在促进"教与学"方式的变革中发挥价值引领作用。

（3）适应教师自身法治素养提升和教学实际问题解决的需要

由于大多数任课教师缺乏系统性法学专业学习的经历，学生的学习反馈缺少生活化体验和实践，无法入情入心。"以案导学"以其生活化、学科融合性等特点，助力教师自身法治素养的提升，进而解决教学中的难题。

二、研究目标和内容

（一）研究目标

1. 形成小学道德与法治体现学科融合的"以案导学"教学方式变革研究报告。

2. 形成符合上海学情的单元视野下"以案导学"活动指引（含内涵、原则、策略、范式、工具等）。

3. 形成法治教育体现学科融合的"以案导学"典型示例，为教师的案例导学实践提供参考与示范。

（二）研究内容

1. 围绕学科核心素养的需求和基于学科的课程标准，界定小学道德与法治学科

"以案导学"的涵义、归纳导学案例的特点、阐明"以案导学"对发展学生法治思维的积极作用并且设计与法治思维的特点相匹配的学习活动的路径。

2. 梳理教材中的案例资源，分析"以案导学"的形式、特点及相应的活动优势。制定"导学案例"的设计要求，形成符合上海学情的单元视野下"以案导学"的活动指引。

3. 设计符合"以案导学"特色的教学案例构成要素，并通过打磨优秀教学实践案例，形成具有"以案导学"特色的教学设计成果案例集和教学视频，建成具有上海特色的小学生法治教育数字化教学资源库，为研究成果的辐射和教师的案例导学实践提供参考与示范。

三、研究过程与方法

（一）研究过程

本课题拟通过一年的时间、分三个阶段扎实推进。

1. 理论研究阶段：3 个月

本阶段目标：明确研究思路；了解教师需求；界定核心概念；拟定"以案导学"的活动形式及设计应用模板；梳理法治知识点，搭建"案例池"。

具体实施任务：

（1）讨论确定研究实施计划，搜集整理相关领域的文献资料和教学实践案例。

（2）开展调研，了解本学科教师对于研究主题的认知程度，分析其对研究成果的达成需求。

（3）进行理论上的研究，分析"以案导学"在培育法治思维方面的教学特点、拟定"以案导学"的内涵。

（4）梳理教材中的法治知识点，明确"导学案例"涉及的相关生活领域以及具体设计要求，形成典型示例。

（5）归整相关的教材资源和教学实践案例，设计"以案导学"的多样化活动形式；并根据法治思维养成的特点，设计活动的具体实施路径和评价模式。

2. 实践推进阶段：5 个月

本阶段目标：推进实验校应用"以案导学"进行法治教育的校本化实践研究，撰写校本案例；收集整理教学案例，归纳案例标准要素。

具体实施任务：

（1）选择实验校，开展本项研究的课程教学实践，撰写校本案例。案例可包括微课、课时教学、单元教学以及学科与其他学科、其他德育课程之间融合的综合活动等。

（2）跟踪对比"以案导学"的教学成效，了解在教学实践中产生的具体问题，及时分析和改进。

（3）收集学科教师在开展教学实践中所使用的"导学案例"，分析案例类型、特点及应用效果。

3. 成果总结阶段：4 个月

本阶段目标：总结课题研究成果，撰写研究报告；制定"法治教育以案导学"指引；汇编教学实践的典型案例。

具体实施任务：

（1）归整各阶段研究成果，撰写基于"以案导学"、体验学科融合的本学科教学方式变革的研究报告。

（2）归纳"以案导学"的学习活动和评价的设计策略，撰写单元视野下"法治教育以案导学"指引。

（3）收集、汇编本研究相关的教学实践的典型案例集，丰富学科法治教育的教学资源库。

（二）研究方法

1. 文献资料法。从法学专业书籍、法治专刊、案例选编等专业文献中获取具有参考价值的案例资料。

2. 调查研究法。通过调查问卷、个别访谈等方法，梳理出教师和学生双向对于"以案导学"的实践应用的需求和教学的期待，作为有针对性开展面向教师的专题教学培训的依据。

3. 行动研究法。通过一定的教学实践，有系统地收集、记录教学过程和效果的资料,以确定"以案导学"在培育法治思维方面的效果。

4. 案例研究法。通过收集、分析、归纳相关的教学设计与实践课例,研究"以案导学"路径设计和教学策略的科学性、合理性;通过归因法,总结出提升案例教学实效的教学经验。

四、研究结论

(一) 主要结论

1. "以案导学"着力激发课堂活力,变革学科法治教育教与学的方式

图4-1 法治教育的目标层级

"以案导学"的学习过程综合了知识的理解、能力的运用、情感的提升,形成了由传统灌输式的浅层理论学习到促进法治思维养成的深度学习的方式转变。实现"同心圆"教育理念与原则,达到循序渐进、逐步深入、反复渗透、形成意识的目标。如图4-1所示,我们的法治教育目标,并非仅停留在"认知"的层面,而是需要达到法治意识的启蒙,初步形成一定的法治理念,即同心圆的最核心部分。"以案导学",恰能走向能力运用和达到意识形成的深度。

在实践中我们发现,通过创设特定的生活化的情境,在讨论、析案、辩论、演绎等探究性的活动中,学生会更容易认可和理解法治理论对维护社会秩序的积极作用;结合具体的、生活化的案情,他们也更容易找到理性思考和思辨的实施对象,并在教师的指导下,逐步学会用法律的语言进行表述,提升法治意识——这便是"以案导学"的过程。在此过程中,老师是处于"主导"的地位,是学生活动的指引者;而学生则是活动的参与者,处于主体地位,他们通过自身的体验和思考得出契合学习目标的认知和理念,能够覆盖从浅层的理论认知到深层的理念形成全过程。

2. "以案导学"着力发展法治思维,形成正确的法治观念

"以案导学"的教学活动,重在让学生在课堂活动中逐步形成法治的思维,进而培

养正确的法治观念。根据小学各学段学生的认知特点和社会生活经验不同,对其法治观念的培养要求也有所不同。低年级侧重规则意识的培养,初步建立规则意识,理解遵守规则、公平竞争、规则公平的意义与要求;中年级侧重初步建立法律面前人人平等的观念和权利义务一致性的观念,培育诚信观念和遵纪守法的行为习惯;高年级则侧重于系统学习宪法的基本常识,建立对宪法的法律地位和权威的初步认知,初步形成"敬法、知法、守法、用法"的法治思维和行为习惯。

小学《道德与法治》教材的一大特点就是贴近学生生活,运用"以案导学",能够深入浅出、循序渐进地培养学生运用法治思维思考辨析生活案例,逐步增强法治辨析能力,内化法治观念。

3. "以案导学"着力提升教师的法治教育能力

要能够达到"讲清法治知识,启蒙法治意识"的教学目标,教师就需要能够做到"深入浅出"地分析讲解教材。深入,即把有关的名词概念讲正确;浅出,即把"法言法语"转化为"童言童语",使学生一听就懂,便于理解和接受,在此基础上再指导学生尝试用规范的"法言法语"来表达自己学习的结论。

因此"以案导学"的研究,着力于教师自身法治素养和法治教育能力的提升。通过基于教材内容的导学案例归纳、路径化的活动设计范式、单元视野下的活动设计案例,使老师自行设计个性化的导学活动成为了可能,在实践的过程中逐步成为行之有效的法治教育教与学的方式。

4. "以案导学"着力探索跨学科项目化学习,发展儿童学习基础素养

根据《上海市义务教育项目化学习三年行动计划(2020—2022年)》所提出的,项目化学习是指在学校活动领域、学科领域和跨学科领域,设计真实、富有挑战性的问题,引导和指导学生在一段时间内持续探究,尝试创造性地解决问题,形成相关项目成果;它旨在培养学生创造性思维、批判性思维、团队沟通与合作等重要的终身学习能力,促进教与学方式变革和教师专业成长。在探索基于课程标准的跨学科项目化学习的过程中,需要整合不同学科的知识和方法,以系统的思维解决真实问题。

对比跨学科项目化学习的要求与"以案导学"的活动方式不难看出,两者在"真实情境""解决真实问题""批判性思维""教与学方式变革""专业成长"等多个关键词上有着重合点,这也意味着"以案导学"能够成为设计项目化学习方案、发展跨学科系统思

维的有效途径。而项目学习的开展也充分体现了学科融合的要求。

对比图4-2可以看到,在法治教育中设计的"以案导学"活动的路径,与开展跨学科的项目化学习的探究过程,它们在培养学生系统性思维发展过程上基本上是一致的,即:确定核心问题→界定问题性质→进行结论预判→分析论证预判→形成既定结论→指导生活实践。因此,学生在开展项目化学习的过程中,既可以借用法治思维的逻辑过程来探究跨学科的问题,也可以进一步延续"以案导学"的活动成果,通过既有的真实案例,推论现有问题的结论,进而论证其可行性和现实意义,让"以案导学"不仅成为跨学科学习的方法论,也成为项目成果的事实依据,两者相辅相成,融合发展。

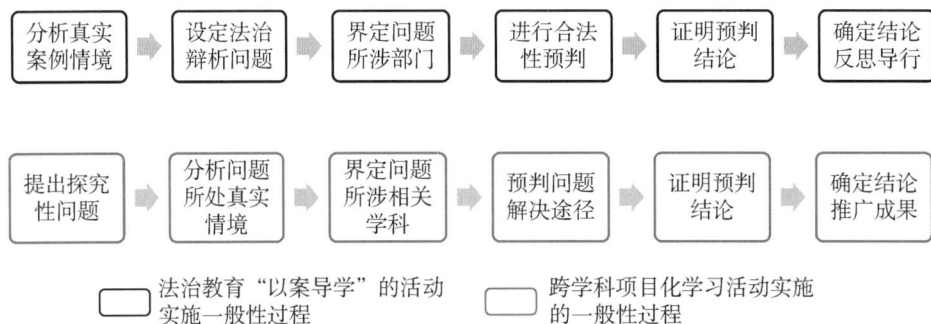

分析真实案例情境	→	设定法治辨析问题	→	界定问题所涉部门	→	进行合法性预判	→	证明预判结论	→	确定结论反思导行

提出探究性问题	→	分析问题所处真实情境	→	界定问题所涉相关学科	→	预判问题解决途径	→	证明预判结论	→	确定结论推广成果

▭ 法治教育"以案导学"的活动实施一般性过程 ▭ 跨学科项目化学习活动实施的一般性过程

图4-2 "以案导学"活动方式与跨学科项目化学习的对比

(二) 研究成果

1. 界定了适宜本学科开展的法治教育"以案导学"的内涵

我们通过研究和实践,明确了"以案导学"活动,是指在小学法治教学中教师依据教学目标,运用具体的生活情境或法治案例引导学生学习,培育法治素养的一种教学方式。其中的"案例",主要是指含有特定领域问题或复杂情境在内的真实发生的典型性事件(如中国法院网公示的审结案件、高院的典型判例等),或者基于教学活动需要,对源于真实情境的事件进行适当的加工,使其成为符合小学生认知经验的创设案例。

在本学科法治教育的过程中开展"以案导学"的学习活动要求,主要是通过法治案例能够简单地诠释法条,理解相应的规范性要求;能够基于对法治知识的理解,尝试从法治思辨的角度探究生活事务的是非对错,初步判断对应的法律后果;运用法治思维,分析和解决实际问题,能够从合法性角度论证处理问题的可行性方案,学会理性的行为选择,在案例探究中形成法治观念,培养法治意识。

2. 归纳了"以案导学"的学习活动的实施策略

(1)活动目标应当围绕教学目标

"以案导学"的预设目标应当与课时的教学目标相一致,并贯穿教学的全过程,着重突出教学的重点,或者突破教学的难点。为了让学生能够真正地将案例所要表达的学习要求理解透彻,不建议一课时的教学中安排过多的"导学案例",而是着重聚焦一至两个情境,展开"深度学习",体验完整的"以案导学"过程。

(2)导学案例应当立足真实情境

在法治教育中为开展"以案导学"而创设的情境必须是真实的,或者是依托真实情境适当进行加工演绎。为此,导学案例的来源一般可以分为两大类,一类为已经生效的法院判例,可以从中国法院网等正规的网络及新闻媒体获得(也包括法院报等官方纸媒);另一类则是源于真实情境或者真实案例的再创作,其目的在于让案例的内容更符合小学生的认知经验,以便更好地指导他们的社会生活。

(3)活动设计应当基于学生学情

在活动设计前,教师应当做好学情分析,了解学生对"以案导学"活动待解决的学习目标的已有认知程度,了解学生在生活中对导学案例相关的法治问题的观点或看法,选择学生能够充分参与的导学活动的形式(如"模拟法庭"活动对于学生的法治思辨能力有一定的要求,不适宜在低年段或法治专册学习的初期使用),让"以案导学"能够真正地成为指导学生学会用法律解决生活问题的钥匙。

(4)活动过程应当注重发展学生的法治思维

法治思维作为一种逻辑思维,是按照法律逻辑思考、分析和解决各种问题,过程中融合了法治理念、法律知识、法律规定等。它的思维过程表现为运用已有法律精神、原则、规范对各种问题和现象进行逻辑分析、判断和推理,以合法性为判断的起点,以公平正义为判断的原则,追求缜密的逻辑。因而,通过"以案导学"培养学生的法治思维的发展,也应当遵循法治思维的逻辑规律,在各种形式的导学活动中不断帮助学生认知、体验、适应和习惯法治思维的路径,使之逐渐成为学生思考分析社会问题时主动选择的一种思考方式。

"以案导学"所呈现的运用法治思维进行行为选择的活动路径,一般表现为:分析导学案例中的关键要素(相关人物、事实行为、行为后果)→运用已有的法律常识对问题行为进行合法性预判→适用教材中的论述或有关法律规范进行推理论证→进行法治思辨,对案例所涉行为进行法理上的定性。(见图4-3)

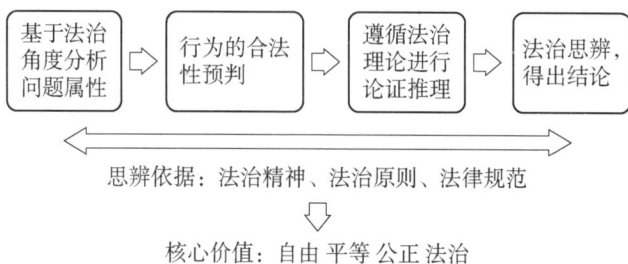

```
┌────────┐   ┌────────┐   ┌────────┐   ┌────────┐
│基于法治 │   │行为的合法│   │遵循法治 │   │法治思辨,│
│角度分析 │⇒ │性预判    │⇒ │理论进行 │⇒ │得出结论 │
│问题属性 │   │         │   │论证推理 │   │         │
└────────┘   └────────┘   └────────┘   └────────┘
    ⟷                                        ⟷
  思辨依据:法治精神、法治原则、法律规范
               ⇓
  核心价值:自由 平等 公正 法治
```

图4-3 法治思维的一般性过程

以常用的"故事辨析"形式的"以案导学"活动为例,可以将遵循法治思维规律的教学实施过程设计如下(图4-4):

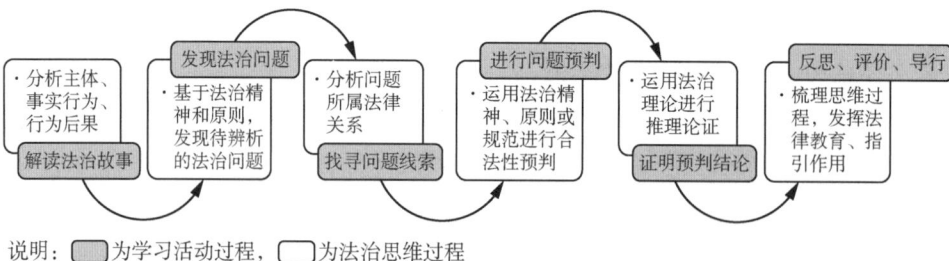

说明:▨为学习活动过程,▢为法治思维过程

图4-4 "故事辨析"的教学实施过程

（5）活动实效应当体现于解决实际问题

在学科法治教育的过程中开展"以案导学",其最终期望达到的实效在于当学生完成小学段课程的学习,能够在社会生活中主动运用法治思维思考问题、能够初步基于中国特色社会主义法治理念正确解读国家的政策和政府的行为。因而,在适用"以案导学"完成"导思"后,必须要回归"导行"。教师需要将教学目标与学生的生活实际相结合,引导学生运用已经获得的案例认知、思辨途径来分析自己或身边的事务,实现学以致用,促进学生的社会发展——这也是学科开展法治教育的教与学方式变革的重要意义所在。

3. 梳理了导学活动的实践形式

在研究的初期,根据导学活动的具体组织实施形式不同,我们设计了以下六种不同的"以案导学"开展法治教育的主要形式:

表4-1 "以案导学"开展法治教育的主要形式

活动方式	活 动 内 容	主要特点
模拟法庭	对真实法庭审判过程的虚拟体验。在教师的指导下,按照法定程序,模拟审判真实或虚构案例的实践性教学活动	能力应用的综合性 活动设计的程序性 学习过程的实践性
情景剧表演	通过生动形象的情境演绎激活学生的学习兴趣,用演绎的方式外化思维的过程,提升学生对法治案例的理解和情感体验	教学过程的表演化 教学呈现的情感化 教学语言的幽默化
法治故事	通过"法治故事"激发学生学习兴趣、开阔其视野,激发其潜能、增添课堂活力,让学生感受到学习知识既有意思又有意义	故事呈现的趣味性 故事内容的知识性 故事结果的启发性
法治辨析	根据真实或虚构的法治案例引导学生运用已学的法治知识进行案例辨析,培养运用法治思维进行思辨的能力	辨析过程的有序性 案例选取的生活化 学习过程的思辨性
证据收集	通过收集不同形式的相关证据,了解证据的真实性与合法性要素,以及证据收集的不同渠道及方式,懂得保留证据的重要性	学习思维的关联性 分析问题的逻辑性 教学结果的实用性
案律对照	通过分析法治案例中的法律关系,检索或查找对应的法律条例,提高学生信息收集能力的同时培养运用法治思维分析、解决具体问题的路径	案例选取的综合性 查找过程的逻辑性 查找方式的多样化

在项目的教学实践中,我们发现以上的活动形式在适用过程中可以进一步融合精炼,例如,通过将法治辨析、案律对照两项活动融入其他各项导学形式中,以此让每一项导学活动都能够体现法治的辨析的过程和获得法律依据的支持。当然,活动设计的方式是多样性的、灵活性的,教师可以根据教学的需要,单独或综合运用若干项不同形式的导学活动,但是需要注意基于学生的学情与学力,遵循法治思维的发展过程。

4. 确立了"以案导学"的活动设计案例撰写要素,形成了单元视野下"以案导学"活动指引

通过各区教研团队的实践,将主要的案例设计要素汇集成如下的"以案导学"案例设计要求:

案例标题：凸显"以案导学"在本课例中的关键作用

第一部分：案例背景。能够凸显"教与学方式变革"的主旨，体现在实现学科法治教育的基础上凸显"学科融合"的取向，体现学科自身"深化教学改革"的实践需求。

第二部分：案例主体。一般包括课时目标、活动设计、导学形式、案例描述、关键情境和设计评价等。

第三部分：案例反思。除了反馈课堂教学效果外，还应当回应案例背景中的主旨，体现在课堂实施"以案导学"的实践中所感悟的活动特点和经验，并对今后进一步开展法治教育的实践研究提出设想。

5. 打磨和积累优秀教学实践案例

在课题研究的过程中，各区的基层学校积极参与"以案导学"活动的教学实践，并提供了23篇优秀活动案例。这些案例经过反复打磨，能比较充分地体现学科特点和学科育人价值，具有一定的代表性。

五、思考与展望

1. 通过课题的研究和实践，我们探索了学科综合学习方式的转型和变革，期待在理论和理念的推广过程中能够更好地发挥小学道德与法治学科在法治思维培育过程中的启蒙作用，从"思维培养"这种情感态度价值观的角度，厚植学生的法治意识和法治精神。

2. 经过更为深入和普遍化的教学实践，"以案导学"的教学方法能够提升小学生对于抽象的法律概念的理解能力，帮助教师搭建理论与实践的桥梁、提升课堂教学质量、丰富法治教育的方法，提高学生法律的适用能力，促进学生实现社会化发展。

3. 一线的学科教师由于专业的限制，迫切需要具有实效性和可操作性的课堂教学方式的指引，希望通过标准示范、样例引导、资源共享等方式，多途径推广本课题的研究成果，便于学科教师开展学习和实践。

参考文献

［1］中华人民共和国教育部. 义务教育品德与社会课程标准（2011 年版）［M］. 北京：

北京师范大学出版社,2011.

［2］教育部　司法部　全国普法办关于印发《青少年法治教育大纲》的通知［S］.中华人民共和国教育部,2016－07－04.

［3］郭雯霞.道德与法治：要培养什么样的人——基于教材话题的探问［J］.中小学德育,2018(2)：19－22.

［4］陈金钊,吕玉赞.聚焦思维规则的法律方法研究［M］.北京：北京大学出版社,2020.

［5］夏雪梅.项目化学习设计：学习素养视角下的国际与本土实践［M］.北京：教育科学出版社,2018.

第二部分　实践案例①

一、案例背景

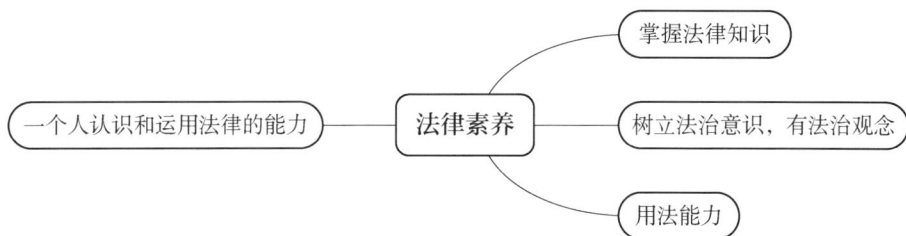

图 4－5　法律素养解读

《青少年法治教育大纲》"小学高年级(3—6年级)教学内容与要求"中要求学生能够初步了解公民的基本权利和义务；初步理解权利行使规则,树立依法维权意识。但

---

① 执笔人：金劼恂(上海师范大学附属闵行第三小学),王玉兰(上海市闵行区教育学院).

法治教育如果只是死读死记法律条文对于学生来说还是较为枯燥。为此,我们进行了教与学方式的变革,采用"以案导学"的方式,通过法治故事、案律对照、情景剧表演、法治辨析等方式进一步培养学生的法治意识,帮助学生掌握法治知识。为了使"以案导学"更有序地进行,我们核对了相关的内容,建立了"维权小卫士"系列课程,开展项目学习。

表4-2 上师三附小"维权小卫士"系列课程

年级	主题	课程内容		
		道德与法治课程	班团队课	小队活动
一年级	在家庭生活中维权	《天气虽冷有温暖》——《新年的礼物》	《我的压岁钱》	
			《对家庭暴力说"不"》	
二年级	在校园生活中维权	《我们的班级》——《班级生活有规则》	《我是校园安全小卫士》	
二年级	在校园生活中维权	《我们好好玩》——《安全地玩》	《校园事故发生后》	
三年级	在社区生活中维权	《安全护我成长》——《心中的"110"》		
三年级	在社区生活中维权	《我在这里长大》——《我家的好邻居》——《不给邻居添麻烦》	《生命比烟花更美》	《爱护公共设施,你我有责》
四年级	在社会生活中维权	《信息万花筒》——《正确认识广告》——《网络新世界》	《预防电信诈骗》	《预防电信诈骗》
			《公共交通,文明出行》	《交通安全,你我有责》
五年级	争做维权小卫士	《我们是公民》——《公民的基本权利和义务》	《一起学〈宪法〉》	《小队合作共维权》
		《法律保护我们健康成长》——《我们受特殊保护》——《知法守法 依法维权》	《对校园欺凌说"不"》	

二、案例主体

"以案导学"，"维权小卫士"的培养策略

——以五年级《知法守法　依法维权》为例

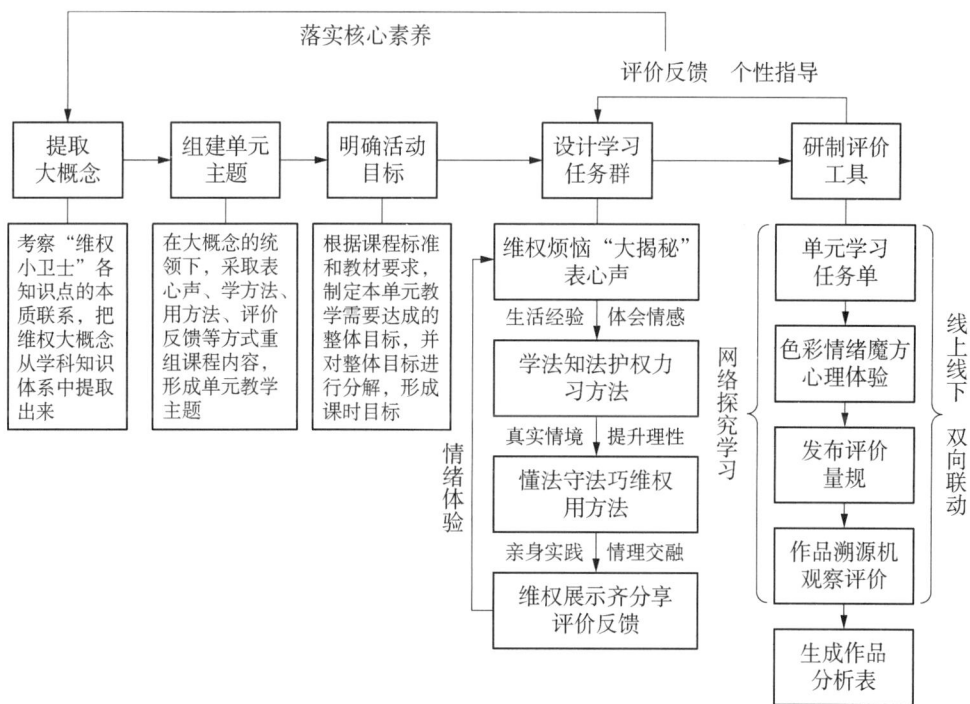

图 4-6　案例主体结构图

（一）"维权"概念

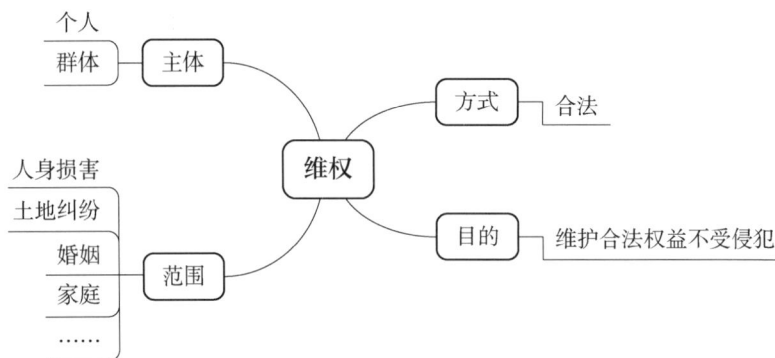

图4-7　维权概念导图

"维权"指的是维护个人或群体的合法权益。维权的范围包括人身损害、土地纠纷、婚姻、家庭等等。对于学生来说,维权的范围主要集中于学校、家庭和社区,维权主体也主要是学生本人、学生团体或其家人。

（二）单元主题

在"维权小卫士"项目中,单元主题为:知法守法,依法维权。

本单元旨在指导学生在知法、懂法、守法的基础上,能够在遇到实际问题时想到运用法律合法地维护自身权益。同时在生活中能够运用所习得的维权方法,理智、智慧地解决自身遇到的"维权"问题或为家人遇到的"维权"问题建言献策。

（三）活动目标

1. 懂得在权利受到侵害时,可以运用相应法律,依法维护自身权利。学会预防、学会自保,学会收集证据,掌握维权途径。

2. 通过法治故事、案例辨析及案律对照,知道运用合法手段,在法律范围内理智、智慧地行使和维护自身权利。

3. 感受法律对公民权利的全面保护,拒绝暴力、欺凌、性侵害等行为,能够在维权过程中控制情绪,懂得自我保护,做遵纪守法的小公民。

（四）学习任务群

1. 阶段一:维权烦恼"大揭秘"

维权烦恼大揭秘
（情绪体验） → 学法知法护权利 → 懂法守法巧维权 → 维权展示齐分享

认知加深　　　　能力提升

情绪体验

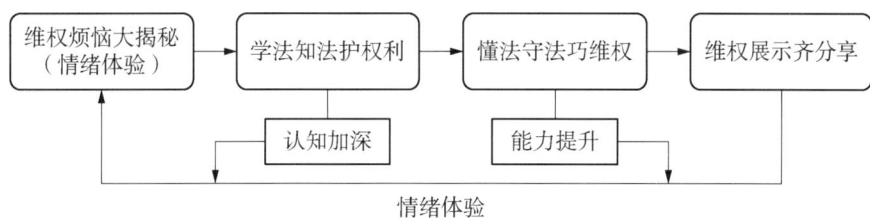

图4-8　学习任务流程图

完成《单元评价活动
作业单》活动一 → 分享、交流
维权故事 → 体验
"情绪方块" → 教师分析
学生情况

图4-9　阶段一流程图

本次班级分为6个小组,共45人参与了此次维权烦恼"大揭秘"。

班级中有27人的家庭发生过邻里纠纷问题,占班级人数的60%;有13人的家庭遇到过消费者权益纠纷,占班级人数的28.9%;有3人认为自己受到校园欺凌;有两人的家庭遇到过债务纠纷。

接着,学生以"情绪方块"表达自己在权益受侵犯时的情绪,如红黑色线条面表示愤怒,彩色线条面表示纠结,黑色阴影面表示担忧。

2. 阶段二：学法知法护权利

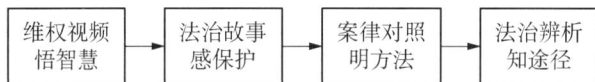

维权视频
悟智慧 → 法治故事
感保护 → 案律对照
明方法 → 法治辨析
知途径

图4-10　学法知法护权利流程图

课堂片段1：

师：以下几种情境,分别可以运用什么法律和途径来维护主人公的合法权益?

生1：图1可以根据《中华人民共和国劳动法》,申请劳动仲裁。图2可以根据《中华人民共和国治安管理处罚法》向警局报案。

生2：图3可以根据《中华人民共和国民法典》向对方索赔。

师：法律从各个角度、各个方面全面保护我们的合法权利。

课堂片段2：

师：仲裁、诉讼分别是什么意思呢？请让我们现场连线律师解答。

师：小王同学的烦恼该如何解决呢？

律师：一般邻里纠纷，第一步先和邻居协商；协商无果可请居委会介入调解；居委会调解无效，则可以请求片警的帮助；以上方法都失败可以向法院提起诉讼。

课堂片段3：

师：赵志刚叔叔和邻居想出的办法可行吗？请你们自己进行搜索。

生1：打人、砸音响会触犯《中华人民共和国治安管理处罚法》，严重的话会触犯《中华人民共和国刑法》，会受到法律的惩罚。

师：是啊，在维权的同时，要注意不能超出法律的界限。

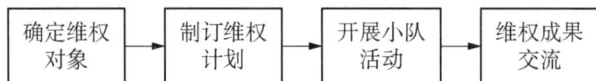

```
确定维权对象 → 制订维权计划 → 开展小队活动 → 维权成果交流
```

图4-11　懂法守法巧维权流程图

分成4个小队开展维权活动。旋风阳光小队通过将同学受到欺负的情况告诉老师，追踪老师解决方案，成功帮助同学维护在校权利。漫城小队前往小区居委会，通过居委会调解的方式，帮助同学和邻居达成友好协商，解决邻居夜半扰民纠纷。乘风破浪小队聘请律师妈妈作为家长志愿者，连同被借钱的家长同学，一起前往法院，希望通过提起诉讼的方式解决债务纠纷，至今结果还未确定。快乐小队通过和商家沟通的方式帮助同学妈妈解决退货问题，商家目前坚持不愿接受退回商品的协商建议，小队将尝试通过12315消费者权益保护热线进行维权。

3. **阶段三　维权展示齐分享**

学生运用作品溯源机上传维权作品，开展交流互评。

4. **阶段四　研制评价量规**

班级中所有学生参与作品投稿与评价(见表4-3)。

表 4-3　"维权小卫士"单元学习评价量表

评 价 内 容	评价标准
1. 在维权时,知道相关事实依据对应的法律。	♡♡♡♡♡优秀
2. 知道维权问题对应的维权手段。	♡♡♡♡良好
3. 维权过程中能够控制住自己的情绪,理智维权,依法维权。	♡♡♡合格
4. 维权时具有底线意识,维权同时保护自己,保护身边的人。	♡♡须努力
5. 具有维权智慧,能够合理协商,巧妙维权。	其中第 4 项为必争星,若未争得,则等第为"须努力"。

三、案例反思

1. "以案导学"能优化法治教育

(1) 易于接受。鉴于法律的条文比较艰深难懂,小学生会因为看不懂而失去学习兴趣。"以案导学"则因为案例贴近生活,又带有故事性,容易引发学生的学习兴趣;同时,在分析案例中又让学生接触法律、了解法治。这样的学习方式学生容易接受。

(2) 情理相通。案例带有故事性,其中无论有喜有悲有怒有乐,总有打动人心之处,同时也会有发人深省之处。这样就把激情和启思自然相通,并能从中感受到法的尊严和温度。

(3) 德法相融。一个违法案件往往是从道德失范引发的,在分析违法的原因和吸取教训的过程中就能使道法之间双向渗透,自然相融。

(4) 提升能力。"以案导学"注重引导学生运用法律知识解决生活中的实际问题,在此过程中学生的观察能力、思考能力、判断能力、维权能力都能得到锻炼和提升。

2. 项目学习能推进"以案导学"

(1) 项目学习打破了学科壁垒,提供了主题集中、时间充裕的学习环境,避免了学习上碎片化和蜻蜓点水式的浅尝辄止,从而引向浸润式的学习,让学生获得更深的学习体验。

（2）项目学习把道德与法治课堂教学与心理疏导、班队活动、校园生活、社会实践等整合起来，又在教学过程中把认知、明理、导行、评价贯穿起来，实现了课内课外的资源汇聚，融会贯通，从而把"以案导学"引向一体化，增强法治教育的实效。

3. "以案导学"要把握五个环节

（1）选好案例。案例可从教材中选，也可从生话中选，但都必须围绕目标、真实可信、适合学情。

（2）分析案情。要弄清事由，从道德上分清是非，为以法析案作铺垫。

（3）用好法律。要根据案情寻找和引用相应的法律条文，学习依法断案。可采用学当小律师、小法官乃至模拟法庭等适合学生特点的生动活泼的方式进行。

（4）尝试运用。在掌握一定法治知识的基础上尝试在生活中运用，解决实际问题，检验学习效果，增强维权能力。在尝试中可借助社会资源和信息化技术，开发智能服务功能，将教室、专用视觉体验区、街道社区等线上线下场馆功能作深度开发，形成智联互通，增强体验效果。

（5）以评促学。制定与项目学习和"以案导学"相适应的评价标准，采用主体多元、方式多样的评价方式，分享学习成果，明确努力方向。

在项目学习过程中也存在一些不足，主要是在用详细数据了解学生学情后未能更有针对性地为每个学生制定教学策略，在个性化教育和差异化评价方面还须进一步深入研究，在项目学习结束后还需要通过跟踪指导，使之持续发展。

小学劳动技术学科课程重构
——技术支持下的种植活动设计

项 目 主 持 管文川

项目实验校 上海市嘉定区徐行小学

项 目 组 长 马 莹

项目组核心成员（按姓氏拼音排序）：

龚 珏 顾 川 李 蓉 马 莹 苏 雅

唐 晔 许小花 严海平 俞建明

第一部分　研究报告①

一、研究背景综述

习近平总书记在全国教育大会上指出："要努力构建德智体美劳全面培养的教育体系,形成更高水平的人才培养体系。要在学生中弘扬劳动精神,教育引导学生崇尚劳动、尊重劳动、懂得劳动最光荣、劳动最崇高、劳动最伟大、劳动最美丽的道理,长大后能够辛勤劳动、诚实劳动、创造性劳动。"充分体现党和国家对劳动教育的重视程度。中共中央、国务院和教育部连续颁布《关于全面加强新时代大中小学劳动教育的意见》(以下简称《意见》)、《大中小学劳动教育指导纲要(试行)》(以下简称《纲要》)。各省市纷纷出台劳动教育改革的实施意见,"劳动教育"是当下教育改革的热点与重点。

《意见》与《纲要》中明确指出:要根据各学段特点,在大中小学设立劳动教育必修课程,系统加强劳动教育。中小学劳动教育课每周安排不少于1课时,以日常生活劳动、生产劳动和服务性劳动为主要内容开展劳动教育。

《上海市中小学劳动技术课程标准(征求意见稿)》提出以技术教育为主线,提高学生技术素养的理念;提出包括技术知识与操作技能的掌握、技术问题的解决、技术意识和劳动观念的培养在内的以"技术素养"为劳动技术学科核心素养的课程基本理念;将培养目标确定为"会动手、能设计、爱劳动"。偏重于技术的学习和技术的使用,对劳动教育观念、劳动精神、劳动习惯的落实尚不明确。

劳动技术学科作为实施劳动教育的重要课程载体,如何变革对接"新时代劳动教育"?怎样保证在达成学科基本目标的前提下,融入学科特点,将劳动教育"做实""做

---

① 执笔人:马莹(上海市嘉定区徐行小学),管文川(上海市教育委员会教学研究室),严海平(上海市嘉定区教育学院).

细"，确保学生"学有所获""劳有所获"？要将《意见》与《纲要》的指导精神真正落地，需要充分认识到劳动教育的内涵与价值，积极在劳动技术学科中开展劳动教育探索与实践，寻求落实劳动教育的有效途径与新方法。

二、研究内容与目标

《纲要》中明确强调让学生身心参与，注重手脑并用。把握劳动教育的根本特征，让学生面对真实的个人生活、生产和社会性服务任务情境，亲历实际的劳动过程，善于观察思考，注重运用所学知识解决实际问题，提高劳动质量和效率。

上海市劳动技术学科根据《意见》与《纲要》要求，快速对新时代劳动教育作出了整体设计和全面部署，重构劳动技术课程，以劳动技术课程为基础融合各学科知识，为学生搭建劳动教育平台，促进学生形成正确的劳动观，进一步彰显劳动教育在新时代的育人价值。以《技术支持下的种植活动设计》为切入口，构建基于真实情境下项目化生产性劳动的探究、体验学习活动，探索劳动技术学科教与学方式的变革，拓展延伸课程内容，重构一个以劳动教育为主线、以技术教育为手段、以实践项目为载体的跨学科知识融合的新劳动技术课程体系。

"技术"是关于某一领域有效的科学（理论和研究方法）的全部，以及在该领域为实现公共或个体目标而解决设计问题的规则的全部。在此特指支持种植活动实施的所有手段。通过技术辅助手段，组织学生亲历种植活动，自主规划设计、实施并反思改进，让学生在做中思考，在思考中改进，逐步养成良好的劳动习惯和正确的劳动观念。

三、研究方法与过程

《技术支持下的种植活动设计》项目实践主要以行动研究法为主。以劳动技术学科为核心，将语文、数学、美术、自然等学科有机融入、渗透其中，从而拓展、延伸劳动技术教育的功能，真正达到"劳动"与"技术"相结合的目的。

（一）设计活动方案

《技术支持下的种植活动设计》项目实践是基于生活中的实际劳动情境，通过团队协作的形式，围绕种植过程中产生的实际问题，形成问题解决的方案，运用所学的阅读、写作、科学、社会研究等学科知识与技能共同完成的一个长周期实践项目。

1. 项目活动课时安排

根据小番茄生长过程和课时安排，对劳动技术课程重新架构，设置小番茄种植劳动教育实践方案 4 课时的内容（每课时 35 分钟）：选种与育苗，种植与维护，授粉与摘顶，采摘与分享。具体见表 4-4。

表 4-4　四年级第一学期《技术支持下的种植活动设计》教学内容（试行）

周次	课题内容	课时	技术支持
第 1 周	选种与育苗	1	● 小番茄种子的生长条件 ● 选种的方法 ● 育苗的方法 ……
第 3 周	种植与维护	1	● 小番茄的生长条件 ● 暖棚的搭建 ● 虫病的防治 ……
第 7 周	授粉与摘顶	1	● 小番茄的生长过程 ● 授粉的方法 ● 摘顶的方法 ……
第 11 周	采摘与分享	1	● 果实成熟的标志 ● 采摘的注意事项 ● 制作海报的方法 ……

2. 活动课时内容安排

每课时根据实践内容分为看看讲讲、试试做做、想想说说等环节，以情境引入——

问题分析——技术指导——研究方案——实践操作——汇报成果为线索,安排课堂教学活动。学生以小组协作的学习形式,从自己遇到的实际问题入手,搜集资料、资源整合,发挥组内每个人的特长。

项目实施的具体目标为:

(1)通过简单的生产劳作,获得必需的有关材料、工具等基本知识;学会种植、管理、采摘的基本技能,重视技术活动中的操作规范,初步学会种植番茄的方法。

(2)通过跨学科的实践活动,了解种植活动的一般过程;掌握基本的技术和方法;提高解决实际问题的能力,逐步形成时代发展所需要的劳动素养。

(3)通过学习番茄种植,感受劳动的艰辛与快乐,获得丰富的劳动经验,初步形成良好的劳动习惯,具有热爱劳动人民的思想感情。

(二) 开展活动实践

种植活动因植物本身的生长特点,劳动技术课程的 35 分钟课堂教学内不可能完成所有项目活动任务,需要进行长期种植管理,由于学生个体时间有限,所以通过小组的形式开展种植活动。把各班的学生 2—3 人组建成一个活动小组,小组内时间空余的同学利用早上到校、中午休息和放学后晚托的时间对小组合作种植的番茄进行观察探究及管理,如记录、松土、除草、施肥、防治病虫害等,学生的种植活动记录表如表4-5 所示:

表 4-5 植物观察记录表

植物名称		日期		天气		植株高度	
生长阶段		温度		湿度		叶片数量	
记录人:						叶片颜色	
我的实际操作步骤: 1. 2. 3.						松土	
						浇水	
						施肥	
						喷生物药剂	

画一画植物的新变化：	备注：
我的观察记录与结果： 1. 2. 3.	

在番茄的种植活动过程中，学生通过亲身体验和感知获得技术的学习能力，活动更多立足于学生的直接经验，他们直接参与种植记录与管理，在观察、实践中学生经常会发现问题并提出问题。教师要根据学生在活动中提出的问题引导他们进行适当的探究活动，鼓励他们利用图书馆、互联网等方式查阅资料，相互交流，解决问题。学生亲身经历番茄由种子萌发成为幼苗，再到开花结果的过程，在实践过程中，学习内容的开放性、实践性特点非常明显，学生动手实践、出力流汗，接受锻炼、磨炼意志，培养了学生正确的劳动价值观和良好的劳动品质。

四、研究结论

技术支持下的种植活动设计基于学生对动手实践有天然的兴趣，以劳动项目为主线，通过亲身体验去了解种植的过程，掌握种植的方法和技能，提高学生发现问题、解决问题的能力。强调基于技术思维的劳动，体现亲历劳动的课程定位，改变了当前的教学现状，拓宽学生后续探究的路径，使学生的"劳动素养"和"技术素养"在不同程度上得到提升。

（一）学科融合，让学生在劳动中学习

劳动技术课程设计在"新时代劳动教育"背景下不应只关注劳动技能的提高，还应该关注学生知识与技能的同步学习。学科融合是种植活动课程的主要特征，它将学科

知识统整都聚焦在这里,主体劳动技术课程与各学科的实践路径不是彼此孤立的,而是相互支撑的。

1. 自然学科:观察发现

观察发现是自然学科必不可少的重要过程,学生通过小组合作的形式开展种植活动,亲身经历科学的发现、科学的探究、科学的创造的过程,进行有目的、系统、持久的观察和实践。通过番茄种植过程中对空气的温度、土壤的湿度、植株的生长情况等进行记录,学生亲历番茄生长中的细微变化,感受到自然学科的科学奥秘,体会到劳动的艰辛、收获的喜悦,激发学生热爱大自然的情感和对生命的敬畏。

2. 美术学科:外形绘制

在番茄生长的观察记录中除了可以学会正确的观察方法,学生还需通过手中的笔简单画出番茄在生长过程中各个时期的形态,他们会逐渐掌握"由远及近,先整体后局部"的绘画技巧并应用到自己的记录中。学生笔下记录的不只是一幅简单的作品,更是自己亲手栽种的果实,这无疑让他们更加感受到劳动成果的可贵,充分调动他们的参与热情。

3. 数学学科:数据统计

番茄的生长不仅需要测量与记录,还需对所记录的数据进行简单的处理,依托学生已经学过的"统计"知识,对温度、湿度、植株生长高度等数据进行统计,学生经历观察、对比、统计、分析、归纳等过程,运用小学阶段学过的数学知识,如统计图表等知识,对植物的生长情况进行统计分析,这样既运用、巩固了数学知识,又对植物生长习性有较全面了解,体验到运用知识解决问题的乐趣。

4. 语文学科:语言表达

语言是最重要的交流工具,番茄种植活动的实践操作记录、观察记录与结果等都需要快速、简短地对实践过程进行描述。在学生亲历种植活动,充分发挥主动性、积极性的同时,学生的语言表达能力也在不断发展。学生通过种植活动日记、种植活动感受等,把自己的劳动过程、劳动体会等一一记录下来,激发了写作的兴趣,写出的观察笔记有血有肉、生动真实,为以后的写作积累了大量的素材。

从"选种"开始,学生对番茄种子的形态结构、生长条件等进行直观了解,通过观察记录番茄的成长过程,进行多感官观察植物、记录观察内容等科学探究,对番茄的生长过程有了更全面的了解。为什么要为番茄搭建暖棚？为什么要给它授粉？为什么要把它的枝剪掉……这样一系列的问题让学生产生了探究兴趣，并主动寻找问题的答案。

种植活动之所以有别于其他的活动，就是因为活动需要多学科的技术支持，在学生利用技术进行劳动的同时，将各学科课程进行嵌入式的融合，既有学科内统整，又有跨学科统整，更多关注了各学科的均衡发展，体现了学科融合，从单纯的技能培养向提升学生的综合素养转变，使劳动技术课程不再是孤军作战，关联与整合成为劳动技术课程实施的常态。

(二) 信息技术，让学生在劳动中发现

随着教育信息化的快速发展，信息技术作为一种常用技术手段，可以加强学科知识的直观性，可将学生不了解的知识较为立体、丰富地传递给学生，能够给学生创造出较好的学习环境。选择合适的信息技术手段，注重信息技术与学科内容的整合与实效，关注教学内容和学习方式的影响，开发利用丰富的学习资源，有效改进教与学的方式，使学生在最短的时间内进入角色，投入到探究活动中去。

1. 利用信息技术情景再现

劳动技术课程注重学生的亲身经历，而有些情景无法真实体验，如番茄生长的过程、番茄花的内部结构、现代农业技术的展现等。在番茄授粉的教学过程中利用多媒体技术展示番茄花内部的雄蕊、雌蕊的位置，通过动画直接清晰地介绍授粉的原理。再通过视频展示蝴蝶、蜜蜂等昆虫为植物授粉的过程，学生很容易联想到利用毛刷、振动牙刷等工具模拟昆虫授粉的动作进行替换，以"放动画"的方式将知识和植物生长本身有机结合，是一种有着强烈视觉吸引力的技术手段。

2. 利用信息技术收集资料

番茄的种植活动涉及到很多专业知识，教师的个人力量是不够的，资料搜集的广度和深度也是有局限性的，无法针对学生的所有问题进行准确的回答。学生通过网络进行文本、图片、视频等资料的查阅、搜集、整理，本身就是对知识的认识、观察、分析、理解。在学生种植的番茄叶子出现蚜虫时，并没有直接向教师求助，而是自己到电脑上查阅资料，用洗洁精配置了简单的"杀虫剂"，使用效果十分理想，学生的劳动自豪感

大大提高。

通过对信息技术的利用,将种植活动进行深度融合,更加注重学生学习过程的直观感受,使学生对这些知识点的理解更加深入,更加有利于知识与技能的掌握,促使劳动顺利进行。

(三) 评价实施,让学生在鼓励中进步

"新时代劳动教育"背景下的劳动技术课程评价不应只关注结果,更要注重过程。评价可以评估课程效果,使课程保持动态调整,牢牢把握劳动教育的育人要求。

1. 目标及发展评价

评价应指向劳动过程中学生的情感、态度和价值观。比如学生在种植活动中劳动的时间、劳动的态度、协作的意识;参加种植活动时运用各种技术的能力、劳动成果等。可以有机结合学校特色评价,如上海市嘉定区徐行小学依托"北斗星"评价,对学生学习态度、学习习惯、学习方法等进行全方位评价,"北斗星"评价中的小行家星针对劳动技术课程进行评价,所有课程评价最后汇总,学生可凭借摘星数量兑换学习用品,以此激励学生的全面发展。

2. 自我及他人评价

一是自我评价,引导学生对自己在种植活动中的进步,种植过程中的不足进行评价,通过自我评价有助于学生认识活动目标以及自我调控进程,增强学习的信心和责任感。二是小组评价,种植活动的过程与结果离不开小组集体的力量,因此各项目的评价应该由小组根据评价原则进行评价。三是教师评价,根据学生的实际情况,运用发展性评价原则,给予学生评价,可以是正式评价,更重要的是非正式评价,如一句激励性的表扬或植物的种子等。四是家长评价,评价的作用对学生参加后续劳动来说是一种指导、激励。

五、思考与展望

技术支持下的种植活动设计根据"新时代劳动教育"的要求,为学生提供更多的动

手实践机会,引导学生综合运用所学的技术在学科内、学科间、学科与社会等多种跨领域的情境中解决实际问题。学生在活动过程中不仅学习劳动知识、劳动技能、劳动方法,更重要的是认同劳动重要、感知劳动有趣、体验劳动快乐、感受劳动艰辛,形成劳动自觉,最终能"尊重劳动、热爱劳动、崇尚劳动",形成正确的劳动价值观,为新的课堂教学模式的尝试提供了一种可能。

除此之外,劳动技术课程该如何通过日常生活劳动、生产劳动和服务性劳动为主要内容开展劳动教育? 让学生运用所学的技术通过劳动服务自己、服务社会? 是每一个劳动技术学科教师需要思考的问题。

参考文献

[1] 中共中央国务院关于全面加强新时代大中小学劳动教育的意见[N].人民日报,2020-03-27.

[2] 中华人民共和国教育部.教育部关于印发《大中小学劳动教育指导纲要(试行)》的通知[EB/OL]. http://www. moe. gov. cn/srcsite/A26/jcj_kcjcgh/202007/t20200715_472808. html.

[3] 管文川.中小学劳动技术:技术支持活动[J].上海课程教学研究,2019(6):71-74.

[4] 管文川.上海市义务教育阶段劳动技术课程重构的若干思考[J].上海课程教学研究,2020(12):7-11.

[5] 许建华.新劳动教育背景下小学劳动技术课程建设的思考[J].上海课程教学研究,2020(12):12-16.

[6] 张飞.综合性活动:指向核心素养的劳动教育[J].教书育人,2021(2):18-19.

[7] 孔维明.新时代学校劳动教育研究[J].中共郑州市委党校学报,2021(1):98-101.

[8] 刘庆军.基于学科特点的种植专业实践性教学[J].新课程研究(中旬刊),2010(3):154-155.

[9] 上海中小学课程教材改革委员会.全日制九年制义务教育劳动技术学科课程标准(试用)[M].上海:上海教育出版社,1996.

［10］上海市教育委员会.上海市中小学劳动技术课程标准（试行稿）［M］.上海：上海教育出版社,2004.

第二部分　实践案例①

一、案例背景

上海市劳动技术学科深入贯彻落实《中共中央国务院关于全面加强新时代大中小学劳动教育的意见》,在历史传承中勇于变革、善于创新,发挥上海经验的辐射效应,对义务教育阶段劳动技术课程进行重构研究,在原有基础上根据中央文件要求进行有创造性的改造,逐渐改变学生学习方式、教师教学方式,使之符合新时代劳动教育的需求,进一步实施素质教育。

种植活动作为小学劳动技术教育的新载体,既可以提升学生的劳动技术素养,又可以有效地对标劳动教育的总体要求,达到立德树人的根本目标。不仅能培养学生的技术知识与操作技能、技术问题的解决、技术意识等"技术素养",而且能在亲历劳动的过程中培养学生的劳动观念、劳动品质、劳动精神、劳动习惯、劳动能力等"劳动素养",既体现了劳动技术课程原有的特点,又达到了新劳动教育的总体要求,让劳动教育在劳动技术课程中真正落地、常态化实施。

---

① 执笔人：马莹(上海市嘉定区徐行小学),管文川(上海市教育委员会教学研究室),严海平(上海市嘉定区教育学院).

二、案例主体

番茄的种植与维护——搭架子

一、单元设计

番茄种植活动属于生产性劳动中的农业生产活动,分为选种与育苗、种植与维护、授粉与摘顶、采摘与分享4个板块。让学生亲历劳动实践过程,是小学劳动教育的新载体,既能提升学生的劳动技术素养,又能有效地对标劳动教育的总体要求,达到立德树人的根本目标。

"番茄的种植与维护——搭架子"属于种植与维护中的内容,学生前期经历了育苗、翻土、移栽等实践,本课是对番茄的维护。通过小组合作模拟搭架子的活动,知道搭架子的步骤和要点,明确小组分工,初步学会搭架子的方法,逐步养成规范操作的习惯;通过搭番茄架子的活动,获得必需的有关材料、工具等基本知识,初步学会用绳子固定架子的方法,逐步形成良好的劳动习惯;亲历搭番茄架子的过程,获得丰富的劳动生活经验,提高解决实际问题的能力,感受劳动的艰辛与快乐,逐步树立正确的劳动价值观。

二、教学设计

(一)在现实中得出需求——为何搭架子

劳动技术课程是一门基于学生兴趣,侧重动手操作、体验学习的课程,"动手做"是学科的主要特征,而"动手做"的目的是从解决实际问题出发,向学生提供大量实践操作、体验发现的机会,从而唤醒学生的已有知识经验并产生共鸣。

首先以视频的形式展示番茄生长的全过程,随后介绍番茄植株的特点,番茄是蔓性或半蔓性的草本植物,茎的木化程度较低,不能支撑太大重量,但结出的果实却很多,而且重量十足,很容易出现枝蔓倒伏的现象,影响了番茄的通风透光,而且容易产生虫害,最终导致减产。引出本节课需求:需要搭架子为番茄攀爬提供支撑,才能提高番茄的品质和产量。

（二）在交流中解决问题——怎样搭架子

学生的设计如果能够在实际生活中使用或者解决生活中的问题时，他们动手的兴趣会大大提高，我们应该鼓励学生交流自己的想法，再根据需求分析任务目标，想办法让构思落地，初步形成设计方案。

1. 架子的材料

经过观察教师提供的材料，学生得到以下结论：支撑架的材料为金属材质；长度为150厘米；一端是圆的，另一端是尖的。在交流中，大家也了解了选择这种材料作为支撑架的原因：一是考虑承重；二是需要考虑成熟番茄植株的高度；三是操作方便，可以较容易地插入泥土。

2. 架子的结构

番茄搭架子的形式一般有人字架、十字架，为什么要设计成这样的形状呢？有什么优点与缺点？有同学回答说这样番茄爬得方便一点，有的同学说这样不容易倒……讨论就此展开。

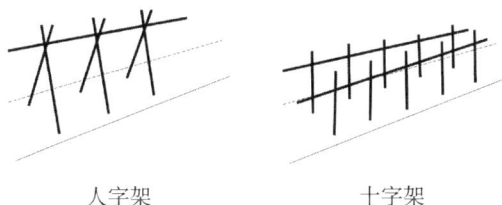

人字架　　　　　　　　　十字架

图 4 - 12

最后通过交流得出结论：两种方式都可以帮助番茄攀爬生长，可以满足通风透光的基本要求，但三角形的人字架比十字架稳固，不容易向侧面倾斜，学生一致选择人字架作为番茄架子，此时组织学生学习插支撑架的注意要点并了解原因：（1）插：距苗外侧约10厘米；（2）扶：保持上端整齐；（3）系：整体结构牢固。

（三）在合作中探究方法——模拟搭架子

搭架子所需的材料较多，前后顺序也很重要，搭架子的实践过程中，每一组所处的位置是分散的，而教师个人的精力是有限的，不可能指导所有学生的实际操作，如果直接去田间实践肯定会一团糟，怎样做到合理分工，有序合作？

通过用陶泥模拟土地，小木棍模拟支撑杆，让学生在室内以小组的形式模拟搭架子，经历建模到实践的过程，引导学生发现操作中出现的问题并自主思考解决办法。学生在模拟的过程中发现组内同学的长处，由组长合理安排任务；发现搭架子模型时遇到的问题，绳子系得不牢、小木棍在泥土中松动等，最后通过交流得出解决办法。通过模拟搭架子活动降低了学生直接进入田间操作的难度，为接下来的实践做好充足的准备。

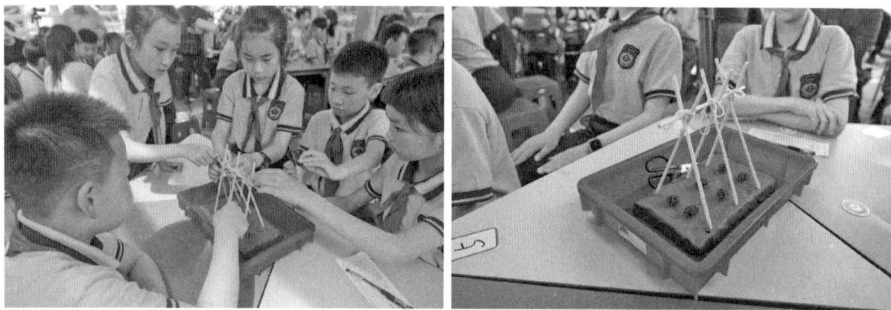

图 4 - 13

（四）在实践中体验劳动——实践搭架子

模拟搭架子后学生们来到田间，根据分工，有序进行架子的搭建，在实践操作过程中一个小组的学生发现模拟搭架子时没有遇到的问题：支撑架插入泥土后不能交叉，很难保持上端整齐。通过观察其他小组的操作后得知，他们小组过于关注插入泥土的深度，支撑架垂直插入泥土中导致无法形成固定的角度，之后这个小组的同学以同一角度重新插支撑架，完美地解决了问题。在所有小组完成架子的搭建后，教师通过一系列的提问"你们小组搭的架子符合要求吗？""你认为其他小组的架子有哪些优点？""还有哪些可以改进的地方？"给予每个学生表达自己观点的机会，促进学生对劳动过程进行反思，便于后续的改进。

三、案例反思

(一) 以劳动技术为基础,融合跨学科知识

番茄种植活动是以劳动技术课程为核心,将各学科知识有机融入、渗透其中,从而拓展、延伸劳动技术教育的功能,不仅仅是各学科的简单总和,更是创新实践的过程,从而真正达到"劳动"与"技术"相结合的目的。

例如:番茄生长是一个长期缓慢的过程,变化极其微小,无法用肉眼进行观察,引入环节以视频的形式呈现番茄的一生,学生不但可以从中发现番茄生长所需的必要条件及番茄的生长特点,还可以让学生感受到生命的神奇,更加珍惜劳动成果;在插支撑架的过程中,联系操作实际,用手粗略测量物体长度、估测支撑架插入角度,帮助学生建立数学的量感。

种植活动需要多学科的技术支持,在学生利用技术进行劳动的同时,将各学科课程进行嵌入式的融合,更多关注了各学科的均衡发展,使劳动技术课程不再是孤军作战,关联与整合将成为劳动技术课程实施的常态。

(二) 以植物生长为轴线,融入原课程结构

种植活动一般时间跨度较长,为保证课程的实施开展,将本项目设置为劳动技术课程中的综合性实践内容并纳入课时,如此,就能保证项目的顺利实施,从而有效地提升学生的劳动技术素养,落实立德树人的劳动教育总体性目标。

根据番茄生长的过程将 4 个板块有机融入劳动技术课程体系,学生亲身经历番茄由种子萌发成为幼苗,再到开花结果的过程。在实践过程中,学生需要在课余时间直接参与种植的记录与管理,学习内容的开放性、实践性特点非常明显,活动过程中动手实践、出力流汗,接受锻炼、磨炼意志,培养了学生正确的劳动价值观和良好的劳动品质。在最后的"采摘与分享"环节,还可以制作宣传海报推销自己的成果,再把劳动所得捐赠给困难学生,不但拓展了劳动技术课程的广度,还挖掘出了学科本身的德育

价值。

根据"新时代劳动教育"的要求,劳动技术学科要为学生提供更多的动手实践机会,在发现问题、分析问题的过程中,引导学生综合运用所学的技术在学科内、学科间、学科与社会等多种跨领域的情境中解决实际问题,最终可以"尊重劳动、热爱劳动、崇尚劳动",进一步彰显劳动教育在新时代的育人价值。